資本と知識と経営者

—虚構から現実へ—

亀川雅人

創成社新書
14

はしがき

資本の定義は様々であるが、資本財と言う場合には、生産過程に存在する中間財であり、再生産可能な生産手段としてのストックを意味する。資本財が生産手段としての道具であれば、これを使用するのは、霊長類としての人類の証である。すなわち、資本財は、人類の生誕と同時に存在していることになる。

私たちの住む資本主義社会は、歴史的には若い社会制度である。その名称が示す通り資本の蓄積が社会発展の原動力となっている。この社会は、それまでの時代に比較すると経済の成長率は高く、多くの人々が物的な豊かさを享受できるようになってきた。物不足の時代には、大規模な生産手段を所有することで生産性を上昇させ、個々の企業の利潤源泉としてきた。不熟練労働と結合する有形固定資産のストックが、競争優位の最大の条件になっていたのである。大量生産・大量消費の成長段階は、資本財の規模拡大が経済成長に結びついており、知識や技術に対してはあまり注目されてこなかった。

しかし、所得に占める有形固定資本の割合は技術進歩によって減少してきている。資本の規模を拡大しても、所得の増加には結びつかなくなってきた。モノに依存する企業は競争優位に立つことができず、ビジネスプランや経営戦略、組織設計などがキーコンセプトになる時代である。シュンペーター（Schumpeter, J. A.）は、資本主義社会の発展が企業の技術革新の遂行にあるとし、企業者機能の本質としてイノベーションを挙げていた。成熟社会になって、その意味が理解され始めてきた。

有形の資本も先人たちの知識や技術の塊である。現在では、特許や著作権、研究開発費などを含めた無形の資本がウエイトを高めている。この知識・技術の結晶は、豊かさを創造するための道具となっている。株式会社制度は、この豊かさを創造するために考案された知的な制度であり、人々の期待により資本を集め、生産活動を行う仕組みである。大きな豊かさを期待できるとき、株式時価総額は大きくなる。土地や建物、機械設備などの有形資本を持たなくとも、豊かさに貢献できるアイデアや仕組みを考案できれば企業価値は高められる。知識・技術の勝負である。

今日では、株価最大化や株主の富最大化、株主重視経営、株価至上主義などの言葉が頻繁に使われ始めている。インターネットを利用した株式の売買も増加し、個人株主はかつてないほどの取引を行っている。M&Aの件数も増加し、株式市場の動向や株主所有構造に関する社会的な学習が進んでいる。新たな株式市場の形成、証券取引法や会社法の改正、証券取引等監視員会の役割の見直しなど、様々な制度改革や法律改正を伴いながら、新しい社会が到来してきている。

本書執筆の最中にライブドアの事件が起きた。株式交換によるM&Aや株式分割などを通じて株式時価総額を高め、これをテコにさらにM&Aを行いながら企業価値を高めてきた会社である。プロ野球への参入やフジテレビとの提携など話題を提供してきたが、証券取引法違反や粉飾決算の疑惑など、多くの問題提起をしている。ライブドアという会社の価値は何を意味しているのであろうか。株式時価総額は、実業とは関係なく、虚業という言葉で表現する人もいる。

虚業とは何か。株式時価総額と実業との関係はどのようになっているのか。資本の意味を再確認しなければならない時代である。様々な議論を惹起するが、企業活動は、そもそも虚構（虚業とは異なる言葉を使用する）の上に築かれる。虚構とは、将来の期待の表れである。期待が生まれ、活動をもたらし、価値を創造するのである。期待なしには何も生まれない。虚構が多くの資本を集め、株式時価総額を高めることができれば、大きな活動が可能である。実際の活動成果が虚構とかけ離れたものであり、虚構の実現に程遠いものであれば、人々は失望し、バブルとなって弾けるであろう。ほどほどのバブルのある世界は、新たな知識・技術を創造したいという活気のある社会となる。

株式時価総額を高める経営は、単にカネ儲けを目的とする人々の手段になるかもしれない。しかし、株式時価総額を高めることとカネ儲けはイコールではない。そもそも資本主義社会は、自分のための生産ではなく、他人のための生産を行う。社会が欲し、社会の豊かさや社会の幸福に貢献するモノを生産しなければ販売することができず、その存在意義はない。社会のためになることで自分の存在意義が認められるのである。そこには愛の精神が求められ、情熱が要求される。徹底的に他人の欲するものを考えることで市場競争に勝つ製品やサービスが生まれるのである。

企業の社会的責任（CSR）が取りざたされているが、資本価値を高める経営は、愛の精神を持たねば長続きしない。愛を感じない虚構に資本を集めることはできないのである。本書は、虚構が資本価値を創造し、それが実現する過程で新しい知識や技術をもたらし、社会を豊かにすることを述べている。そのキーパーソンとなるのは資本家ではなく、社会を愛し、情熱を持つ経営者である。

さて、本書の企画は、創成社の塚田尚寛氏による大学の特色を出せるような一味違った新書を刊行したいという話に始まる。当初は、学部を中心とした企画であったが、むしろ大学院所属教員を中心とした企画に変化し、社会人も対象とした内容を検討することとなった。

執筆開始の時期は、2005年のクリスマスから06年2月である。意識したのは、やさしい内容だが、考えさせる本にしようということである。しかし、やさしく説明するというのは難しいものである。資本は、経済学の主要なテーマである。利子や利潤との関係、労働価値との関係を対象に、多様な資本理論が展開されている。古典派や新古典派、マルクス経済学などの違いのみならず、マーシャル（Marshall, A.）やケインズ（Keynes, J.M.）の資本理論、オーストリア学派の資本理論など、それぞれの資本観に特徴がある。それは市場観の相違につながってくる。静学的な均衡と動的なプロセスに注目する議論などが展開される。市場の価格は、様々な情報・知識を織り込んで成立することになるが、その取り扱い方にも影響を与えている。それゆえ、本書のテーマは、経済学の成果を整理しなければならない。

本書の元になる研究は、10数年前に出版した『企業資本と利潤』（中央経済社）であり、またこれを平易にした『企業財務の物語』（中央経済社）、最近では『入門現代企業論』（新世社）である。今回は、これを異なる視点で書き直すこととした。それでも、非常に大きなテーマであり、こうした限られた紙幅で論じることは不可能である。乱暴な議論が多くなるが、読者は多くの行間を推測して欲しい。また、少し難題になると専門用語を使って煙に巻こうとしてしまう。難解になってきたら、著者自身も平易に説明できない問題なのだと解釈して欲しい。いずれにしても、私と読者が一緒に考えながら楽しい時間が過ごせることを祈念している。

本書の出版に際しては、立教大学大学院ビジネスデザイン研究科の久保潤一郎氏と斉藤敏子氏、経済学研究科博士後期課程の北見幸一氏、経営学研究科博士後期課程の永岡英則氏、高宇知敏彦氏より貴重な意見を伺うことができた。大変感謝している。

最後に、出版事情の厳しいなか、本書の企画を提案し、出版に尽力いただいた塚田尚寛氏と同社の社長塚田慶次氏に改めて謝意を表したい。

2006年3月

亀川雅人

目次

はしがき

第1章　知識と分業の関係　1

はじめに／同じ知識を持つ豊かさ／異なる社会の価値観／知恵袋と先端の知識／競争社会が知識を深める

第2章　資本主義社会と知識　21

財産の所有が知識を生む／知識の特化と分業／財産と知識の変化／知識を育成する利潤／競争が育てない知識／自然と人間／派生的生産要素

第3章　資本と貯蓄　43

合理的経済人／山奥での生活／貯蓄を資本へ／消費をする人と投資をする人／政府と海外の活動／金融資本市場

第4章　遠回りの生産　61
迂回路の選択／ストック社会／知識の育成は遠回り／資本の運動／現金のない会社

第5章　資本の果実　80
追加の果実（魚）を手に入れる／満足の追求／利子率の低下／新しい貯蓄と投資で利子率が決まる／イノベーションと利子率／貨幣利子率／決算の利益／利益の測定と時間／人的資本の利子

第6章　時間価値と知識　102
価値と希少性／将来が現在の価値を決める／相対的な価値／資本利益率と知識の流れ

第7章　虚構と資本価値　120
不確実性という虚構／人と道具の結合／所有権とキャッシュ・フロー／所有からの解放

第8章　虚構の組織設計　139

株式制度／知識の分業と虚構／レモンと美人投票／虚構の真実性／株主の利益と経営者の利益／創業者利得が利益の本質

第9章　知識を創造する経営者の役割　169

豊かさをつくる知識創造／冒険と決断と情熱／知識を束ね目的を与える／知識の育成と囲い込み／契約の束と資本価値／経営者による利潤創出／リスクの負担構造が資本価値を創出

終　章　202

参考文献　215

第1章　知識と分業の関係

はじめに

資本という言葉を知らない人はいない。小学生でも高学年になれば資本という言葉をどこかで使っているかもしれない。しかし、大学生や社会人になって、改めて「資本とは何か」を問うと、首を傾げ様々な答えが返ってくる。「資本はお金である」「資本は事業を始めるための元手である」「資本は機械設備などの生産手段である」「利潤を得るための手段」「資本は人である」「資本は資産から負債を差し引いた純資産である」「会社の資本金である」などなど、資本主義という社会で生活しながらも、私たちは資本という言葉を様々なイメージでとらえている。

資本家もしくは資本家階級、あるいはブルジョアジーという言葉の印象はどのようなものであろうか。高級住宅街に広い庭と立派な家屋敷を構え、お手伝いさんや運転手つきの高級車に乗る人々を想像するかもしれない。あるいは、最近のヒルズ族のような人々をイメージするであろうか。数百億円の金融資産を持つ一握りの資産家を思い浮かべるかもしれない。高級外車を何台も所有し、夏は避暑地の別荘で生活し、冬は暖かな海外でのリゾートライフ。ゴルフや乗馬、ヨットでクルージング、週末にはオーケストラの演奏を楽しむ。毎日を忙しく生活するというよりは、余暇を消化するのが大変で、様々な遊びを考えなければならない封建時代の貴族階級のような暮らし方もあるだろう。

こうした生活をしている資本家は実在しており、イメージだけの世界ではない。羨ましい生活をしている人々がいることは間違いない。確かに、資本という言葉には「富」や「お金」がつきまとう。なんとなく資本家はお金持ちでなければならない、あるいはお金持ちに違いないと思い込んでいる。そうであるなら、資本主義社会は、金銭主義社会であり、拝金主義社会ということになるのであろうか。資本主義社会を維持し、発展させるためには、拝金主義を私たちの社会的規範として再確認し、これを行動規範にした教育が要請されるであろう。そうかもしれないと思いながらも、拝金主義は寂しい気持ちにさせる。

市場至上主義、株主価値経営、市場価値経営、キャッシュ・フロー経営など、最近頻繁に登場する言葉にも、こうした拝金主義的なイメージがすり込まれている。お金があればすべてが手に入る。そうかもしれないが、お金を持ったことのない人にはわからない。「世の中は自分の思うようにはならない」と思うのは、お金がないからかもしれない。

本書では、拝金主義を否定するつもりはない。しかし、資本とは何か、その価値はどのように決まるのか、という問題について考察することで、誤った資本主義理解を正す必要はある。資本主義社会は人類の英知が作り出したシステムであり、資本の概念を理解することでその偉業を正当に評価できる。

資本の価値が膨らめば、これを所有する資本家は、その分け前で裕福な暮らしを実現できるであろう。豊かな暮らしをする人が生まれると貧しい人が貧しさを認識する。貧富の差を是とするか否かは社会的な価値判断であり、社会の構成員が考える問題である。ここではそうしたあるべき社会についての議論はせず、現状の資本主義社会を前提とし、これを維持し、発展するために必要な資本の本質について考察する。資本主義社会は、資本を理解しこれを高めることが社会発展に結びついている。当然である。資本主義社会という名称の通り、資本価値を高めるために制度設計された社会なのである。

この資本の概念を探る旅が本書の目的である。しかし、資本という言葉は、多くの人が使う日常的な言葉であるだけにかえって難しい。その上、時代とともに資本という言葉の使い方が変化する。それは本質的変化ではなく、時代に応じて資本の強調側面が異なり、その使用方法が一般化するためである。

英語で資本といえばcapitalであるが、英和辞典で最初に登場する意味は、「首都」や「中心地」であり、次に「頭文字」、そして3番目か4番目で「資本」や「元金」、「元手」となる。建築・建築学の「柱頭」も同じような順位で登場する。形容詞では、「大文字の」、「主要な」、「すばらしい」、「首位の」、「致命的な」、「生死に関わる」、「深刻な」というような意味で使われている。つまり、資本という言葉を使用する場合には、重要なものをイメージしていることは理解できる。

資本は重要なものを意味するが、その知識や技術との関連は意外と理解されていない。しかも、知識や技術も資本という言葉以上に使い慣れた言葉である。にもかかわらず、国語辞典で調べる「知識」という言葉の意味は難しい。辞典で説明されるわかりやすそうなものでは、「知ること」や「考える働き」などがあるが、「厳密な意味では、原理的・統一的に組織づけられ、客観的妥当性を要求し得る判断の体系[1]」という説明は、知識という言葉の使用を躊躇させる。このほかに、仏教用語や哲学における専門用語としても使われる。資本以上に知識という言葉は厄介である。「確実な根拠に基づく認識」という説明や「客観的認識」という解説内容は、理解していたはずの言葉を難解な呪文にしてしまう。

英語では、knowledge や information として訳されるが、学習や経験により得られるものが前者であり、後者は特別な努力をせずに、他から与えられるものというように解釈できる。しかし、近年では、情報と訳される information は、高いコストをかけて入手する。与えられるものではなく、入手するのに努力を必要とし、これを得るために自らの時間をかけねばならない。その過程は学習や経験を必要とするかもしれない。少なくとも、考える働きのない人やそうした経験を持たない人が外界から「情報」を入手しても、文字情報は意味がわからず、写真や映像は様々な色の点の集まりでしかない。古代の象形文字は、これを学んだ経験がなければ単なる模様でしかない。

知識に類似する言葉に知恵がある。この言葉は、wisdom, intelligence, wit, sense という英語に訳される。「物事を合理的に判断し、これを処理していく心の働き」であるとか、「物事を目的・手段の体系のなかで計画し、正しく処理していく能力」を意味している。つまり、知識が断片的な意味を持つものであるのに対し、知恵は体系化されている知識を意味している。単に学問的知識を記憶し、試験にパスしたり、資格を取得するというような意味で使う言葉ではなく、人生の経験や人格の完成により得られる人間の本質や物事の根本に関する認識というように、知識よりも深い意味を与える解釈もある。企業の経営トップの判断は、多くの場合、知恵に基づき、マニュアル化した業務遂行は知識に依存していると考えられよう。しかし、実際は必ずしもこのような基準で使用されているわけではなかろう。

技術という言葉も難しい。「物事の取り扱いや処理方法、あるいはその手段やこれを行うわざ」を意味するとある。技術という言葉の種類を見るためにも英訳が役立つ。手先を使う技術はcraft、経験から得た要領やこつを指す場合artと訳される。訓練などで得た特殊技能はskill、芸術・文筆・競技・科学などの専門的技術はtechnique、科学技術はtechnologyということになる。その他、学び得た学識は、learning、専門的技術はknow-howとして区別して使うこともある。

知識、知恵、技術、そして関連した情報や科学など、日常的に使用される言葉の正確な意味を説明するのは大変な仕事である。しかし、これらの言葉が、私たちの環境を構成している。社会環境、自然環境、法的環境、経済的環境、そして文化的環境などなどは、私たちが認識する環境である。自然は人間の関与できない環境と考えるかもしれないが、大気汚染や土壌汚染、水質汚染、さらには海洋資源や宇宙開発などの問題は、私たちの認識が自然を形作っている。自然科学の研究者は、彼らが蓄積した知識により自然を認識している。宇宙の仕組みから原子核の世界、バイオテクノロジーなど、様々な研究成果が自然環境を形成してゆく。法的環境も同様である。様々な法律が制定され、これが施行される。法学者は、法律の視点で社会を認識し、市場や経営組織を法律の枠組みで理解する。その他、芸能や芸術などなど、いずれも人間が考え出したものであり、その世界観を作り上げる。それらはすべて特別な区別をすることなく、知識や技術という言葉を使うことになる。

本書の目的は、資本を知識や技術の視点から考察し、経営者の役割を再発見することであるが、肝心な知識や技術の意味を深く考えていない。特別な説明を加えない限り、知識も知恵も、そして技術も同じような意味で使われる。それらの学問的な区別や分類は、哲学者を含む専門家に委ねることにしたい。この難問を避けなければ、本書は書き上がる前に破綻してしまうからである。

同じ知識を持つ豊かさ

私たち人類は、太古の昔より集団で生活していた。肉体的な力で劣る人類が食糧を確保し、生存するためにはひとりで生活することが不可能であった。群れを成し、生きるための役割を決めて生活する。その際、人間の持つ最大の武器は知恵であった。各自に割り当てられる役割は、肉体的な仕事量のみならず、様々な知恵と工夫が必要とされる。その分担は、集団のなかで自然と決まっていったのであろう。

数万年前、石器時代である。ネアンデルタール人からクロマニヨン人、石器でナウマン象を狩る人々、さらにはトナカイなどを追って住居を移動する一群、数千年から数万年という気の遠くなるような長い年月の間に、石器の質が固くなり、鋭利なものとなっていく。1万年前頃には農耕用土器も発見された。数千年単位で知識・技術に変化が見られる。知識の伝承が口伝えである以上、その蓄積には限界があり、新たな道具の登場は少しずつ、そしてゆっくりと浸透してきたのであろう。ひとつの集落に新しい道具が生まれても、その知識や技術が伝播するには言葉の壁もあったであろう。地球の気候がゆっくりと動くなかで、食糧となるものも変化し、人類は地球の動きに合わせるように新たな生活を手に入れてきたのである。

狩猟民族は、肉体的な腕力や脚力に勝る男性が狩りをし、女性が育児などを中心に家庭を守るという分業である。狩りの合間に弓や矢などの道具を作り、同じ時間に集まって狩りに出る。住民のすべてが同じような時間の過ごし方をし、同じような住まいで生活する時代である。狩りは、男子総出の仕事であり、多少の戦術的な役割分担をしながら協力して獲物を追い詰める。

しかし、狩りをするときの目的はひとつであり、すべてが狩りという仕事に従事し、協力し合う関係にある。槍投げの達人や弓の達人が優位に立つことがあっても、同じ仕事を分かち合っている。彼らは同じような情報と同じ知識を共有していた。推測でしかないが、考えるべきことも似ていたに違いない。彼・彼女らにとって、幸福感や豊かさとはいかなるものであったのか。獲物の良し悪しや量が幸福や豊かさの尺度となったに違いない。

人々が定住し、稲作文化を始めると、その暮らし方にも変化が生じよう。農耕民族は田畑を耕し、毎年同じような仕事を集団で行う。鍬や鋤などの簡単な道具を作り、協力して田植えや稲刈りを行う。収穫は、基本的に天候に左右され、神によって生かされていることを感じている。豊作は神に感謝し、豊かな食生活で幸福感を味わっていたのであろうか。彼・彼女らの生活も、同じような生活を送り、同じような知識を親子代々にわたり伝えてゆく。力仕事は男子に委ねられたであろうが、多くの仕事は共同作業となっていたに違いない。同じ仕事、同じ衣服、同じ食事、同じ住まい、そして、同じ知識を持つ人々の豊かさや幸福感とは何か。目に映る光景が同じで同様の仕事に従事する人々は、どのような思考をするのであろうか。倫理観や行動規範、価値観などが共有される世界が創造される。

人間の生理的な欲求を満たすこと、子孫をつくり、育て、命の尊さを感じることが豊かさであり、幸福を感じるときかもしれない。神に生かされていることを幸福と感じる世界なのであろうか。しかし、豊かさという概念はいかなるものであろうか。誰もが同じ暮らし向きであるときに、貧富の差を認識することはできない。私たちの考える豊かさとは別次元の概念が存在していたに違いない。

神話の世界、神々は私たちの先祖である。人々の目的は、豊かな稲穂を実らせることであり、その目的を達成すること以外に多くの関心を持たなかったであろう。競争心や闘争心ではなく、協調と協同の世界である。目的が与えられていれば、それを達成するために人々の考えがひとつになることが望ましい。

異なる社会の価値観

異なる地域に住む人々は、貿易などの交流を通じて情報や知識を交換する。社会の設計、モノの作り方やそのための組織、教育制度や教育内容、その他に関する情報がわずかな窓口から伝えられる。情報は誤謬やオーバーな表現を伴い、その伝達経路で異なる理解と吸収がなされ、社会の仕組みなどに還元され、そこに住む人々の考え方や価値観に影響を与えることになる。時代が経過するにつれて、民族性や文化に浸透し、それぞれの地域の価値観などを形成する。

時間の経過は重要である。5000年前の人々の価値観や満足感は、2000年前の社会には存在していないかもしれない。もちろん、500年前のものとも異なるであろう。封建時代には、士農工商という役割分担社会が成立していた。武士は、主として武芸に励み、農民は米作りに専念し、町人は製造と商業活動に特化する。分業の成立であるが、それぞれの階層に属する人々の目的は確定しており、競争よりは協力と協調である。

武士には武士の世界があり、独自の価値観を持って生活をしていたであろう。農民の世界も同じである。身分社会は、それぞれの階級制度のなかで独自の世界観を持ち、それぞれの常識と価値観を有していたであろう。他の階級の人々が何を考え、どのようなことに喜びを覚え、何に悲しみ、いかなることに幸福を感じるかは知らなかったと思われる。同じ階級の人々の考えが同化するのは、同じ目的を持ち、時間の過ごし方を共有するためであろう。道ですれ違うような距離で生活していても、それぞれの社会の壁は高いものであった。農民には商人の知識は必要なく、商人は武術や農業技術に無関心であったろう。身分間では情報や知識は、共有されずに隔離されていたと思われる。同じ社会に生きる人々は同じ知識を共有するが、異なる社会との知識には壁がある。封建社会では、知識の分業が階級による分業に基づくものであったと考えられる。

しかしながら、一人ひとりが生きるために持つ知識は、私たち現代人より多いかもしれない。天候に関する知識、火を熾す知識、田畑を耕す知識、育児の知識、衣服を作る知識、薬草に関する知識、住居を作る知識など、誰もが同じ知識を共有しながらも、その知識は豊富であったろう。

文字のない時代、知識の種類は異なるが生活の知恵といえるような情報は、親から子へ、そして孫へと引き継がれていく。文字がないだけに、記憶に頼ることになる。記憶すべき知識と情報が命にかかわる大事なことであれば忘れることはない。それは生きるための知恵に活かされるのである。文字の発明、これを記録し伝達手段となる紙と印刷技術の登場が知識と技術を急速に発展させることになる。パソコンやインターネットは、こうした知識や技術の情報を記録し、伝達する革命的な発展をもたらしている。

知恵袋と先端の知識

現代は、文字情報を含むあらゆる情報が氾濫する。私たちが、これを記憶し、整理しようとしても機能不全に陥ってしまうであろう。多すぎる情報は、どのように扱うべきであろうか。

お祖母ちゃんが若い頃の暮らしは、どのような知識を必要としていたであろうか。70年前を振り返ってみよう。お母さんは朝早く起きて朝食の支度をする。火を熾し、米をとぎ、火加減をみながらご飯を炊く。水道は一部の地域にしかないため、水は井戸から汲む。冷蔵庫はないので、保存食は重要なおかずである。朝食が終わると、掃除や洗濯、買い物をしなければならない。掃除機がなく、しかも雨戸やガラス戸、障子などは現代のサッシと異なり隙間だらけである。毎日掃除しないと、縁側や畳部屋は砂埃で生活に支障を来たす。洗濯は、たらいに洗濯板である。冷蔵庫や冷凍庫がなければ毎日の買い物が欠かせない。お風呂は五右衛門風呂である。鉄の釜に水を汲み、薪をくべてお湯を沸かさねばならない。重労働である。衣類は大切なモノであり、遊び盛りの子供の服は年中繕わねばならない。こうした家事の合間に子育てをしていたのである。家事は、多様な知識を必要とする総合的な能力が要請されていたのである。お祖母ちゃんの知恵袋は魅力的なものであった。

現代人の持つ知識はどうであろうか。家のなかを見回すと家電製品で溢れている。テレビ、CDラジカセ、エアコン、電子レンジ、冷凍冷蔵庫、電気炊飯器、電気アイロン、電気洗濯機、電気掃除機など停電すれば生活することができない。身の回りのことをひとりでできるといっても、それはどの程度のことを言うのであろうか。白いお米があっても、電気炊飯器がなければご飯を炊けないであろう。ボタンが取れそうなときに繕うことができるか。スーパーやコンビニがなければ、欲しいものを購入する場所や方法を検討しなければならない。外出することなく、通信販売やテレビショッピング、ネット上の仮想商店街で商品を購入できる。欲しいものが手に入らないのはお金がないだけである。家電製品がないときの生活を想像してみよう。あなたは生きる知恵を持っているであろうか。現代のお母さんがお祖母ちゃんになっても、知恵袋は膨らんでいないかもしれない。

しかし、他方で現代人の知識は専門化し、特定の知識に関しては深くかかわっている。わずかに異なる仕事をする人々が、相互に何をしているかを理解できなくなっている。あふれるほどの情報を整理するのではなく、限られた知識や情報のみを取捨選択し、これをまとめ、必要な加工を施そうとしている。

昔の建築会社は、大工が設計者でもあった。職人としての勘により、寸法通りの建物を狭い土地に建てることができた。現在の建築現場では、多くの工程が分担される。設計の担当者もデザインや設備、構造計算などの専門分化がなされている。現場の作業員は、お互いの仕事に関与しなくなっている。専門性が高いために、購入者に品質を保証する仕組みが必要になる。専門の審査機関が必要になるのも知識の細分化の結果である。構造設計士が意図的に鉄筋の数を減らしても、建築業者や販売業者には理解できないかもしれない。

自動車メーカーは多くの部品を組み立てて販売しているが、部品を作る会社は、専門に特化しているため、隣り合った部品の中身を理解できなくなっている。1台の自動車は、多くの会社の合作である。プラグ、バッテリー、ピストン、ハンドル、メーター機器、モーター、オーディオ機器、エアコン、ガラス、タイヤ、そして鉄やアルミなどの材料のすべてが高度な技術の結晶になっている。

医者は内科や外科、眼科や歯科、耳鼻咽喉科などに分かれ、同じ顔でも目と鼻という隣り合わせの部位についてさえ理解が難しい。それぞれに使用する医療機器が異なり、その使用方法も理解できない。しかし、現在でもひとりの医者しかいない小さな町や村がある。地球上のどこかの村では、頭から身体の細部に至るまでひとりの医者が診療している。彼は医師としての専門家ではあるが、医療に関するゼネラリストであり、特定医療分野のスペシャリストではない。残念ながら、特定分野の高度な医療を期待することはできない。

分業が進めば進むほど、人々は狭い知識に特化し、深く掘り下げていく。医者でない私たちには、レントゲン写真は単なるモノクロの模様でしかない。しかし、専門家はそこに病巣を発見する。同じ風景を見ても感動する対象や意味が異なっている。歴史に興味を持つ人が観る神社や仏閣と美術に関心のある人の観る神社仏閣は異なる風景かもしれない。同じものを見ながら、人は異なる映像を頭に浮かべているのかもしれない。

私は、私の目で見て私の頭で考えているため、同じ風景を見ているときの他人の考えはわからない。しかし、同じことを考えていると思うことも不自然である。新聞を読む目も異なっている。私が気になる記事とあなたの目に留まる記事は異なっているであろう。モノの見方や考え方の異なる人々が社会を維持するために相互にかかわり、自らの役割としての仕事をしている。しかし、相互に理解困難な人々が集うのである。

情報の溝が深まることは危険である。社会として成立することを困難にするであろう。情報通信技術の発展は、この溝を埋めるひとつの役割を果たしてきた。どのような仕事に特化していても、テレビやラジオ、そしてインターネットを通じて共通の情報を手に入れることができる。こうした情報通信技術がなければ、社会をひとつにまとめることは困難になるであろう。考え方や価値観の異なる人がひとつの社会を構成することはできない。

競争社会が知識を深める

米作りの知識や技術を考えてみよう。中国では1万年以上昔から稲作が行われたと思われる遺跡が発見されている。日本でも弥生時代からとされていたものが、最近では縄文時代後期には稲作が行われ、その歴史は3500年前に遡るようである。稲作の方法は古来より大きく変わるものではない。春のはじめに田起し・代掻きが行われる。田んぼの土を掘り起こし、畦（あぜ）を作り、水を入れ、水が均等に行き渡るように田んぼの土を細かくし平らにする代掻きを行う。この時期には苗も育て、4月から5月に苗を植える。江戸時代は、人手が中心であり、鍬や鋤を使い、田起し・代掻きをして、苗を植え、稲を育てて秋に収穫する。稲は鎌で刈り、はざにかけて（はざがけ）乾燥させ、乾いた稲から「こきばし」という道具を使用して籾（もみ）をとっていた。粘土で作った臼を回し、籾殻をはいだ玄米を俵に詰める。農作業の多くは簡単な道具と土地と人の力に依存していた。

昭和30年代から40年代でも、田起しや代掻きは人馬が中心であったが、この頃から耕耘機も登場する。秋の収穫期は、学校を休みにして農家が総出で稲刈りをし、はざがけして動力脱穀機により脱穀（籾をとる）していた。乾燥機や籾摺り機を使い玄米にする。現在は、トラクターで田起しと代掻きが行われ、田植え機で苗を植え、収穫期にはコンバインで稲刈りから脱穀まで行い、カントリーエレベーターで乾燥、籾摺り、袋詰めなどをすべて機械で行う。一家総出の仕事、村の一大行事が、自動車や家電メーカーの仕事のように限られた専門家の仕事になってきた。

米作りは大変な知識の蓄積によることがわかる。現在では技術の情報交換も、ＩＴの進展によりインターネットで行われている。農業の大規模化や、農家の数の減少、そして農家の世代間情報の交換が減り、インターネットに代替しているのかもしれない。「代掻き」を検索すると技術情報を交換する新しい農家の姿が見えてくる。家族や地域内の情報交換ではなく、農業に従事する専門家同士の情報交換が行われるようになっている。現在の米は、３００年前や50年前の米とは異なる生産活動の結果である。

しかしながら、米作りの悠久の歴史のなかで、生産技術の急激な変化が見られるのは最近の数十年である。その技術の急速な発展に逆行するように、農業に従事する人の数は減少傾向にある。村人のほとんどすべてが農業に従事し、同じ仕事を協同で行っていた時代には生産技術の発達がなく、農業が特化した専門的な仕事となるに従い、技術が発展し始める。因果関係は、その逆であるかもしれないし、同時進行かもしれない。農業技術の発展が農業従事者を少なくするということもあるし、専門的な知識の集約を制度的あるいは組織的に行うことで農業技術が進歩・発展したと考えることもできる。

現代の社会が専門的分野に特化することになった理由はどこにあるのであろうか。ここでは、その理由として競争に着目する。現在の競争は、人間が社会のなかで生き残り、生活の糧を得るための行為である。しかし、私たちの社会以外では、競争して生産活動をする必要はなかった。一緒にモノを作り、これを分配し、消費する社会であった。ところが、直接的な人間同士の競争ではなく、企業間の競争という形をとることで、熾烈な競争に変化してきた。企業競争は経済戦争であり、時には貧しい者から富を奪うことを正当化する。あなたは直接貧者を攻撃するわけではないが、企業間競争のなかで、知らないうちに貧者の生活権を奪うかもしれない。

私たちの社会は弱肉強食の競争社会であり、強いものが豊かになる。その豊かさは物的な生活を保障するだけではなく、自らの知識や経験を他者の生活に浸透させる仕組みを内蔵している。人間の存在意義がどのように証明されるかは難しい問題であるが、自らの考えや主張、経験や知識が自分以外の第三者に必要とされ、これが生かされることは満足感の源泉になろう。つまり、競争社会における勝ち組になること、それは、自らの存在が社会的に価値のあることを証明し、自己実現につなげることでもある。

企業間競争は1回限りの短距離走ではない。100メートルをどれほど速く走ったとしても、次の100メートルで追いつかれ、追い越されては意味がない。今年の利益が史上最高を記録しても、翌年に巨額の赤字でリストラをするようでは困るのである。リタイアせずに競争を継続し、そのなかで勝ち抜くためには、分担した役割を最も効率的に達成する能力や新たな役割を創造する能力が要請される。そうした高い能力を修得するには、特定の分野に絞り込み、他者との差別化が必要になる。特殊な能力を磨くには、特定の仕事に打ち込まねばならないのである。

選択と集中という言葉があるが、これは競争社会では当然である。あなたは調理の技術や知識、あるいは調理師の経験を持たずにレストランを開店しようと思うであろうか。花屋は花の知識や花の仕入れ方法を知っている。魚屋や肉屋、あるいは八百屋は、魚や肉、そして野菜の知識と調理方法、市場からの購入方法を知っている。知識や技術が不足していれば、質の悪い品物を高い価格で仕入れることになるかもしれない。結果として、競合する他社の店に顧客を奪われることになろう。

強い企業は、生産や営業に関する知識や技術を蓄え、事業を継続することができる。老舗企業の多くは、秘伝のタレや材料の調合方法、火加減などの生産ノウハウを蓄積し、これを伝承している。50年、100年と継続する企業は少ない。ゴーイングコンサーン（継続企業）といっても、知識を守り、これを発展させて勝ち残れる企業は多くはないのである。あなたの能力が限られている以上、あらゆる分野で優れた能力を発揮することは難しい。あなたは専門性を高めることで勝負することになる。

もちろん、組織としての対応は可能である。あなたひとりの能力に依存できなくなるとき、企業は組織をつくり、個人の知識の限界を打破しようとする。しかし、企業という組織内の分業も、市場という企業組織を越えた分業も、競争に打ち勝つ知識しか生き残れない。大手の家電メーカーも、大手自動車メーカーも、中途半端な知識を持つ事業は、市場の競争に敗れ、事業を整理しなければならなくなる。知識の競争は実に厳しいのである。

（1）新村出編（1998）『広辞苑』第五版　岩波書店、この説明は、第二版補訂版（1976）では、「ある事物に関する明瞭な意識、認識によって得られた成果、事物に関する個々の断片的な事実的・経験的認識の意」とある。

第2章　資本主義社会と知識

財産の所有が知識を生む

競争社会を構築する基盤は何であろうか。基本的には私有財産制度の確立であろう。私たちは自らの財産を自らが築き、各個人が、その財産の所有権を有する社会である。封建時代には私有財産という考え方がない。そのため競争は特別な世界の限られた概念であった。おそらく、一部の武士には厳しい競争が存在していたであろう。しかし、農民には無縁の概念であった。豊作になっても農家の所得が増えるとは限らない。余剰の農産物は武士の生活を支え、武士の褒賞や新たな徴用に使われる。

農家が一生懸命働いても、その成果は農家のモノにはならない。私有財産制ではないため、努力が報われないのである。余計な努力は無用ということである。生産活動は天候に任せればよい。農家の生産活動は、毎年同じスケジュールで同じように繰り返される。父や母の仕事を見ながら子供たちが仕事を始める。知識や技術の水準は常に父と母の水準で止まる。それ以上の知識・技術は農家のためにはならないのである。毎年、同じ生産活動が繰り返され、同じような収穫がすべての階層の人々に分配される。この世界に発展は存在しない。同じ生産物を同じルールで分配し、再び同じ生産活動に従事する。その繰り返しである。何百年という長い時間が、ゆっくりと過ぎてゆく。

こうした世界がある時期に変化を始め、私有財産という概念が登場する。市民革命や産業革命などを契機とするというのが歴史の教科書によるところである。西欧では18世紀中頃から19世紀にかけての時代になる。その真偽は、歴史学の検証を繰り返す必要があろうが、とにかく私有財産という考え方や社会的な契約関係が生まれてくる。土地が私的な財産となり、個人や家計の所得を稼ぐ重要な源泉となる。土地以外にも建物などの不動産や絵画や家具、貴金属、金融資産などが私有財産と認識される。多くの財産を有する人は物的には豊かな生活が保証される。財産の大きさや持ち方で日々の生活や仕事の仕方が異なってくる。結果として、人々の知識、モノの見方や価値観に相違が生まれる。

私有財産を守り、自らの財産価値を高めるためには自分の得意な分野に特化し、知識を専門分野に集中させねばならない。この分業の仕組みは、所有権の交換を前提としている。私がパン屋を開業し、あなたが魚屋を始めるとしよう。私はパン焼きに特化しており、自分の食するパン以上のパンを生産している。他方、あなたも自分で消費する以上の魚を釣り、販売することになる。各自は自分で消費する以上のパンと魚を所有しているのである。私もあなたも自分の消費目的の生産ではなく、他人の消費のために生産している。そこで交換が生じる。それはパンを焼く知識と釣りをする知識の交換でもある。こうした交換経済を市場経済という。

知識の特化と分業

私的な財産の形成には、日々の消費生活以上の所得を手に入れる必要がある。毎日の生活を豊かにするためには所得を増やさねばならない。所得とは生産物であり、あなたの1日の所得はあなたが1日で生産するモノの価値である。あなたが不得意な生産物を生産するならあなたの所得は少ないであろう。自らの豊かさを守るためには、得意な仕事に特化し、所得を増やせる仕事に従事しなければならない。

もし、あなたが分野を絞り込むという特化をせずに、自分の知識ですべてを賄おうとしたらどうなるであろうか。生活を維持するために最低限確保しなければならないのは、衣食住に関する知識である。米や野菜、肉や魚などを調達し、調理方法を学習しなければならない。また衣服を作るノウハウを学び、家を建築する技術を修得しなければならない。

米を作るためには、鍬や鋤を作らねばならない。トラクターなどの高度な生産手段は使わないことにしよう。それでも、鍬や鋤の刃の部分を作る技術は大変なものである。衣服は、羊毛を使うのか、シルクを使うのか。化繊は石油の精製などに関する知識と技術が要求される。家は、ノコギリやカンナ、ノミや鉄鎚、釘も必要である。これらを準備するための知識や技術がなければ、藁葺き屋根の家を作らねばならない。しかし、藁の家であっても「3匹の子ぶた」のように家作りは簡単ではない。現在では、藁葺き屋根の家を作る知識と技術は貴重なものとなっている。

ここまで論じる必要もないであろうが、あなたがひとりで生産できるものは限られている。知識と技術が得意な分野に集結した結果、私たちはほんのわずかな知識と技術を持つことで、多くの知識と技術の成果を手に入れることができる。網の目のように細分化した分業経済は、知識の分業である。その恩恵は、パンを焼くことしかできない人、お金の計算しかできない人、物を売ることしかできない人などなど、何かひとつしかできない人々に無限の選択肢を与えてくれる。

あなたは1日働くことで何を手に入れられるであろうか。学生は、2日ないし3日のアルバイトでテレビやMDコンポを購入することができる。しかし、一生かかっても、ひとりではテレビを作ることはできない。液晶やプラズマのテレビでなくとも、比較的初期のブラウン管型テレビでも作れないであろう。もちろん、部品を組み立てるだけであれば難しいことではない。だが、それは作っているというよりは、寄せ集めているだけであり、モノ作りと呼べるようなものではない。私たちは、テレビの部品ひとつでさえひとりで作るのは困難である。

それでは、実際に、部品を作っている人は、どのように主張するであろうか。特別な技術は必要であるが、部品は簡単に作成していると思っているかもしれない。しかし、部品を作るための材料を手に入れることから考えてみてほしい。鉄やプラスチック製の部品は、まず鉄鉱石や石油の採掘から始めねばならない。鉄を削る工具も用意しなければならない。それぞれの分野は最先端の技術を駆使している。

過去から現在までに蓄えられた知識を使い、多くの人がかかわって鉄を精錬し、石油を精製し、そして、たったひとつの小さな部品が作られている。その知識は、試行錯誤の繰り返しや情報の取捨選択を何万回、いや何億回も繰り返している結果なのである。各自が修得した生産やサービスに関する知識や技術は、現在に至るまでの何億人、何千億人以上の人々の知識を伝承した結果である。あなたがどれほど優秀であっても、あなたひとりの時間では間に合わないのである。

自分の得意な仕事のみをすることで、テレビや洗濯機、自動車、食料品や衣料品などを手に入れることができる。ひとりで生産する場合、あなたの手に入れられるものはわずかである。あなたの限られた知識が、様々な知識と交換されることで、豊かな暮らしを手に入れてきた。

簡単な例示で説明しよう。私はパン4個を4時間かけて焼き、4時間で魚を4尾釣ることができる。労働時間の合計は8時間である。他方、あなたは4時間でパン2個を焼き、残りの4時間で魚を6尾釣ることができるとしよう。2人の総所得はパン6個と魚10尾である。私はあなたよりもパン焼きが得意であるが、魚釣りは不得意である。そこで、私はパン焼きに特化し、あなたが魚釣りに特化するとしよう。2人の総所得は、パン8個と魚12尾になる。パンと魚の交換比率はパン1個に対し魚3／2になるであろう。あるいは魚の価値はパンの2／3になる。分業により、あなたの所得は増加し、社会全体の総所得も増加した。私があなたよりもパン焼きでも魚釣りでも優っている場合には、貨幣額で評価したときに、パンと魚の総額が大きくなるような選択をするであろう。

分業により所得が増加することは確かである。社会の財産を増やし豊かな暮らしをするために協力し、仕事を分担し、知識を交換しなければならない。しかし、この交換が成立するのは、あなたの知識が必要とされる限りにおいてである。不必要な知識は、それがあなたにとって有用な知識であっても、他人の知識と交換してもらえない。他人にとって価値ある知識と認識されねば交換はされないのである。価値ある知識は、生産に生かされ、最終的に消費される知識である。社会の豊かさに貢献する知識でなければ価値はない。直接的な生産活動に生かされることも間接的な生産活動に生かされることもある。あるいは、遠い将来の生産活動に生かされる知識かもしれない。誰が支払うかは別として、対価を支払うことのできる知識でなければならないのである。

その価値は、絶対的なものではない。専門的で高度な学問的知識が高い価値を有するということではない。競争社会のなかでその相対的価値が決められる。競争が試行錯誤のモチベーションとなり、必要な知識と不必要な知識を篩《ふるい》にかけている。

財産と知識の変化

競争は財産価値に影響を及ぼし、財産価値を変化させる。土地の価値は、周囲の環境や経済状況により変動する。建物は老朽化し、絵画や美術品の価値、貴金属、金融商品の価値も変動する。価値は、最終的には消費生活に還元される。財産の利用により、消費生活の豊かさを享受できなくなれば財産の価値は低下する。もちろん、それは個人的な消費生活のみならず、市場における相対的関係で決定する。あなたが個人的に満足を感じている絵画も、市場価値は低下することがある。住居は老朽化し、個人的な生活におけるサービスが低下したと感じても、市場における価値は上昇するかもしれない。

財産の価値が変化するのは、その背後に知識や技術の変化がある。購入する財・サービスの効用（満足感）は、多様な財・サービスに取り囲まれた生活環境のなかで決まる。財・サービスの販売者は、魅力的な財やサービスを作らねばならない。競争が厳しい社会は、次々に新しい財・サービスが登場し、新たな知識を創造する一方、陳腐化した財やサービスの知識と価値を低下させる。不必要な財がゴミとなり、その生産のための技術や知識が不要となるのである。

日々の消費財も、消費せずに蓄えていれば財産（蓄えられる消費財）を形成する。冷蔵庫や冷凍庫の食料品は、時間のとらえ方によっては財産にカウントされる。銀行預金は、消費財やサービスの購入、その他の動産や不動産の購入のために蓄えられており、預金残高がある限り財産に数えられる。しかし、財産は蓄えることに意味があるのではなく、費消され、消費生活に供されるときに真価を発揮する。いずれの財産も、自らが使用し、自らが処分する権利を有している。その権利行使の段階で豊かさを享受できなければ財産とはいえない。つまり、将来にわたり豊かな消費を期待させるところに財産の価値がある。将来の知識があなたの現在の財産価値を左右するのである。

知識を育成する利潤

市場経済で交換するのは競争に勝ち残った知識である。交換するパンと魚を考えてみよう。パンの価値と魚の価値がわからなければ、試行錯誤の交換が行われる。そこではゲーム論的な交渉術が要求されるであろう。1時間かけて焼いたパンと魚を交換するとしよう。1尾の魚がどのくらいの時間をかけて釣れるものかわからない。10分で1尾の魚を釣れるのであれば、パン1個に対して6尾の魚を要求するであろう。

この取引が繰り返されることで、魚とパンの交換比率が発見されるが、交換する当事者は、自らの所得を増やし、豊かな暮らしを実現させたいと考えている。自らの財産を増加させたいという目的で交換をしているのである。抜け目のなさが市場の交換には必要であり、交換に参加する人々が、この抜け目なさを身につけることで交換比率が正確な価値を表示することになる。市場機能は、市場参加者が相互に相手をチェックし、評価することで適切な価格をつけることになるのである。市場競争とは、情報の真偽を確認するプロセスでもある。

自らの財産を増やすために、一番条件のよい交換相手を探そうとする。自分の提供するパンと最も多くの魚とを交換してくれる相手を探すはずである。魚を持つ相手も、多くのパンと交換しようと考えている。自分の提供するパン（魚）は少なめで、より多くの魚（パン）

を手に入れようとするのである。あなたは交換をする際に、自らの犠牲（cost）を最小にして最大の見返り（return）を得ようとするはずである。コストを最小にするための知識を育て、リターンを最大化する知識を探索する。そうした行動をとらなければ、あなたの財産は形成されず、豊かな消費生活を楽しむことができないためである。知識の交換は、利潤動機に基づいているのである。

もちろん、貧しい生活で十分に満足する人もいるであろう。しかし、貧しい選択にも限度がある。パンを焼くための小麦粉や燃料が手に入れられないようでは交換そのものができなくなる。私的所有権の交換を前提とした社会を維持するためには、多くの人々がリターンを最大化し、コストを最小化する努力をしなければならないのである。つまり、利潤を追求するという動機と行為がなければ交換する知識が育たず、これを蓄積することもできない。モノを作るときの方法、効率的に生産するための方法や人と道具の組み合わせ、人員配置、人材や道具の管理方法、人材育成方法、さらには取引のための契約方法など、モノを作り、交換するまでの様々な知識や技術が利潤を尺度に取捨選択される。利潤を生まない知識は忘れられ、利潤を生む知識を多くの人が吸収する。利潤の追求は知識の競争である。リターンを高めるためには、良いモノを安く作らねばならない。良いモノを安く作るには、良い材料や部品を安い値段で調達しなければならない。私有財産を守るために、こうしたノウハウを学び、育てる競争をしなければならないのである。

競争が育てない知識

私有財産の価値を最大化することと同じく、社会の共有財産を守ることも重要である。治水や地震に関する知識や技術を私有財産とすることは社会の維持・発展にとってふさわしいことであろうか。地球環境、天文学や宇宙に関する研究、医療、その他様々な自然科学、人類の歴史、社会の歴史などなど、基礎的な学問領域に関する知識や技術は、現在生活している人々の幸福につながらないが、遠い将来の人々に貢献する可能性を持つ。

つまり、社会が共有すべき知識があるということである。利潤を目的とした知識には限界がある。利潤追求では、100年後の社会のための知識を育成できないかもしれない。100年後に活かせる知識を得たいと思う個人を探すことは難しい。なぜなら現在の犠牲と100年後のリターンを交換しても、あなたの生涯には無関係かもしれないからである。あるいは、知識の価値は100年間維持できないかもしれない。しかし、誰かがそうした知識を育成しなければならない。基礎研究は、利潤を目的に交換する知識ではなく、社会的共同作業として遂行されるべきかもしれない。

公園や図書館、ダムや道路、水道、その他の社会的なインフラなど、私的財産として所有すべきでないものもある。ダムや水道を所有する者が、利潤最大化の行動をとれば何が起こるであろうか。私的財産は最大化されても、社会的な利益には貢献しない。古代文明は、公共の利益を優先して公共事業を行い、現代人にも解明できない知識・技術を生み出した。利潤追求が知識を育成しない部分がある。

また、所有権を主張したくないモノがある。生産活動はgoodsのみならず、badsを生み出す。販売を目的とする商品やサービスは人々に幸福をもたらさねばならないが、その生産活動は大気汚染や水質汚濁、土壌汚染、そして産業廃棄物や家庭のゴミなどの社会的費用を発生させる。これらbadsを積極的に所有したいと考える人はいない。原因が自らにあったとしても、これを除去しようという誘引はない。そのため、法律や社会規範により、こうした社会的費用を私的な費用にする工夫が必要になる。それは市場競争ではなく、市場競争に参加するルール作りである。そして、こうした問題を解決するための知識や技術は私的な所有権の交換システムのみでは解決することが困難である。

小規模な企業が販売を目的とした財とサービスに関する知識や技術の熾烈な競争を行うなか、生産のプロセスで発生する二酸化炭素を測定し、地球温暖化防止の技術に貢献することは容易ではない。そうした技術開発が、独占的大企業にしか取り組めないとすれば、社会が負担して、それらの関連する知識や技術を開発しなければならない。それは、税金を使う大学や研究所の役割である。

競争は優れた知識や技術の結果かもしれないが、同時に優れた知識や技術を消し去る可能性もある。いかに優れた知識であっても、企業の競争は購買・生産・販売等のすべての機能が有機的に結合して行われる。製造技術に長けていても、資金調達力がなければ製造を継続できないかもしれない。営業力がなければ、卓越した技術も世に知られることなく葬り去られる。一旦消滅した知識を復興することは難しい。

近年では、手作りの高級品がもてはやされている。時計は、機械式の自動巻きという1世代も2世代も前の技術が評価されている。時計という機能だけを考えれば、電波時計などにかなうものではない。自動巻きでなくとも半永久的に時を刻む技術が開発されている。しかし、高級時計は、昔々の技術で手作りの職人芸が必要なのである。熟練技術を持つ時計職人が息を吹き返した。10年か20年、こうした職人芸の復興が遅れたら、熟練の技術は甦らなかったかもしれない。高級な鞄や靴の修理・修繕の仕事も増えている。愛着を持つモノを大事に長い間使うという日本的な文化が見直され、再び職人の世界を広げつつある。「もったいない」の言葉の復権が、失わせる知識や技術を保存させる。しかし、巧みの技を持つ職人の多くは、すでに職を失っている。

社会が共有すべき知識・技術は重要であるが、これを育てるモチベーションは個々人には不明確である。名誉や慈善活動に頼ることも重要であるが、多くの個人が参加することはできない。自らの生活を自らで設計する競争が知識・技術を育成するが、保たねばならない知識・技術については、社会が守らねばならない。

自然と人間

あなたの財産を守り高めるためには自らの消費以上のモノを作り、交換することが必要である。つまり、個々人が生産活動に従事しなければならない。生産活動には3つの生産要素がある。ひとつは自然（土地）であり、2つ目は労働力、そして3つ目に資本がある。人間は無から有を生み出すことができない。私たちにできることは自然の恵みを加工するだけである。労働と土地は、本源的な生産要素と呼ばれる。

豊かな自然を確保できれば、豊かな暮らしが保証できる。肥沃な土地を持つことができれば、多くの収穫を期待できる。石炭や石油などの資源も自然の恩恵である。領土争いの多くは、豊かな暮らしをするために自然資源が第一義的に重要と考えるからである。封建時代は、土地が経済の中心であった。生産物の中心に食糧生産があり、田畑から収穫される米の石高が養うことのできる武士の人数を決める尺度であり、権力の象徴であった。軍事大国は食糧大国なのである。武術に長けた優秀な武士を集め、土地を守ると同時に新たな土地を奪い取ることで多くの農民や武士を養うことができた。

現在では、海底資源や石油資源などをめぐり、土地は国境紛争の火種であり、軍事衝突の原因となる。しかし、国内の土地は交換対象となり、売買される私的財産のひとつである。価値ある資源が埋蔵されている土地は高い価値を持つ。生産に有利な土地も需要に応じた価格が成立する。銀座の土地が高い理由は、多くのリターンを稼ぐと期待されるためである。土地の所有者は一番高い価格を提示する買い手に売ろうとする。土地の購入希望者は安い価格で条件の良い土地を購入しようとする。それも、自らの財産を増加させたいからであり、犠牲を最小にして最大の見返りを得るための行動原理が生かされている。

労働力はどうであろうか。私たちは、封建時代のように生まれたときから役割が決まっていない。親が決めている場合もあるかもしれないが、少なくとも最終的な選択権は、あなた自身に託されている。つまり、自らの仕事は自らが選択しなければならない。しかし、選択をするのは労働力を供給するあなたの側だけではない。

パイロットになりたい、アナウンサーになりたいと主張しても、航空会社やテレビ局に就職できるとは限らない。雇う側は、低賃金で高い能力を持つ労働力を欲している。雇う側も自らの財産を守り、これを高める努力をしているためである。企業が競争している以上、特殊事情がなければ、縁故採用で高い給与を支払い続けることはできない。購入する労働力の質と量を確認するために情報収集をしなければならない。医者や弁護士、会計士などの職業も、資格を得るための能力が必要である。

小学校時代に国語や算数、理科や社会を勉強しながら、なぜ勉強しなければならないのかを考えたことがあろう。中学や高校では、英語や数学を勉強しながら、その目的に疑問を持つことがあったに違いない。英語ができなくても生活はできる。因数分解や微積分は高校を卒業したら二度と使わない。あなたは、根拠のない信念を持って、苦手な科目に抵抗した記憶があるだろう。

国語を勉強したのは、文学作品を楽しむことや作文や日記をつけることだけが目的ではない。文字を知らねば生活することは難しい。仕事の仕方は口頭で説明されることもあるが、それも最初のうちだけである。多くの仕事は、文書による指示やマニュアル化されている文書を理解して行動しなければならない。また散在している情報を集め、取捨選択し、重要な内容を読み取り、分析し、保管し、業務の遂行に生かさねばならない。そうした活動が仕事の仕方を改善し、新たなマニュアルとなり知識が蓄積される。上司が仕事を指示するときも、文書化できねば指示の範囲は制限的である。仕事の情報を伝達する手段が、口頭では範囲が狭く、誤解や聴き取りミスなど限界がある。あなたが責任ある仕事に就いているとき、文字を読めない人を雇うことは困難である。

もちろん、口頭による情報伝達には大きな価値がある。あなたがリーダーシップを発揮するとき、あなたの言葉に魅力を持たせ、人を惹きつけるためのコミュニケーション能力が必要になる。しかし、リーダーシップを発揮するには文書にはない特別な価値を付加しなければならない。あなたの言葉に魅力を持たせるには、天性の資質などの解決できない問題を除き、教養を身につけ、これを表現する能力を育成しなければならない。日常会話は、あなたの競争力にはならない。あなたの生の言葉は、人間力を磨くことで魅力が与えられ、あなたの価値を高めることになる。

一昔前の商人はソロバンが必須であった。いまやパソコンが必須アイテムになった。パソコンはゲームを楽しむこともできるが、多様な生産や営業活動にも利用される。設計やデザイン、情報管理にパソコンが使えねば仕事を遂行することはできない。インターネットを介して様々な情報を入手し、様々な情報を供給する。社内の情報伝達にも、社外との情報交換にもパソコンが必要になっている。過去の情報を探すのに、書類倉庫に入り、年度や月日、タイトルごとに整理された書類を探している間に、データベースから瞬時に情報を引き出すことができる。この時間短縮は、労働時間の短縮であり、労働コストの削減である。コストを削減できない人材は、企業にとって魅力があるとはいえない。

英語は、国際的な業務が必要になるときに要求される。企業の活動範囲が拡がるにつれて日本語のみでは通用しなくなってきた。世界中で分業が成立すれば、国内の分業よりも多くの知識が交換できる。ＩＴの発達は、地球の裏側と同時に仕事ができる世界を作り上げた。グローバルな分業社会に参加できない人材は、魅力的とはいえない。かつては、読み書きで十分であった外国語が、輸送コストの低下や情報技術革命などにより会話も要求されるようになった。英会話の能力が企業にとってのあなたの価値を高めることになる。

国は、様々な可能性を提供しなければならない。高度な数学が必要な職業がある。その選択可能性を提供するには、教育環境を整備しておかねばならない。選択肢を多くすることは可能性を拡げるということである。選択の自由を与える社会である以上、選択肢を準備するのが国の責任でもある。

学歴社会とは、より良い仕事に就くために偏差値の高い有名大学を目指す社会かもしれない。条件の良い仕事に就くために、長い時間をかけて必死に勉強するのである。封建時代は読み書きも必要なかった。山の向こうに行くこともなく、同じ村で一生を暮らす。それが当たり前の生活であり、受験戦争で他人と競争することはなかった。しかし、私有財産制度に基づく交換経済は、利潤追求の社会を構築し、人々に競争を迫っている。自分を高く売るために、ストレスの多い競争に身をおくことになったのである。職業選択の自由というのは、厳しいものである。否、自由というのは、強さを要求されるのである。知識や技術を身につけることで豊かさが決まる傾向を持つ。あるいは、その豊かさの期待が、憧れや尊敬される職業観を構築することになる。高度に専門的な知識を有する人が尊敬されるという環境が形成されるのである。

市場の競争は特化した知識を有する企業間競争である。わずかな知識の差が大きな競争力の差になり、私的財産の格差を生み出すのである。あなたに知識を育てる気力がなければ、企業にとっては魅力がない。学歴は、あなたの知識欲求を知るための間接的な手段なのである。不確実性が高ければ高いほど、学歴は重要な情報になる。

派生的生産要素

ところで、私たちの生産活動は、自然と直接かかわることは少ない。時代とともに、その割合も小さくなっている。第一次産業に従事している人は徐々に減り、第二次産業や第三次産業に従事する人が増えている。この産業構造の問題は、第3の生産要素に関係している。

人間が他の動物と区別されるのは道具を使う点である。自然と人間が結合するだけではなく、ほとんどの生産活動には道具が使われている。生産には、自然と労働に加えて、第3の生産要素である道具（生産手段）、すなわち資本（資本財）が必要なのである。これは本源的生産要素から派生したものであるため、派生的生産要素と称される。

私たちが自らの財産を守るためには、犠牲の少ない交換をしなければならない。短い時間でパンを焼くことができれば、あるいは魚を釣ることができれば犠牲を小さくすることができる。パン焼きの機器や漁の道具が犠牲の大きさを左右する。良い道具をたくさん持つことで有利な交換条件になる。私有財産を守るために、様々な道具が開発され、競って購入される。不利な道具を持っていれば競争に敗れ、財産を守れなくなる。単純なものから複雑で大規模な機械装置に至るまで様々な道具が開発され、それを普及する社会的な仕組みが構築されていた。利潤を追求するということが道具という資本を蓄積し、その質を改善してきたのである。これが資本主義社会という特徴を表すことになる。第二次産業の発達は、資本主義の結果である。

封建時代が同じ道具を何世代も繰り返し利用する時代であるとすれば、資本主義時代は新たな道具が次々に登場し、道具があふれる時代である。古い道具が新しい道具に代わるということは、古い知識が陳腐化し、新しい知識に取って代わることを意味する。

知識の新旧交替の速度は速く、先端の知識・技術に追いつき、先頭に立つためには専門分野の絞込みが必要である。知識は専門化が進み、役割分担が細分化する。新しい知識の登場が古い知識の価値を失わせるということは、古い道具の価値を失わせるのみならず、古い知識を持つ人材の価値を下げるということである。新しいビジネスの構想は、新しい知識の創造であり、新しい道具を作ることである。

新しい道具の誕生は、新しい交換を生み出す。市場の形成である。自然と労働力が直接に対面する市場もあるが、多くは道具を作る市場との複合的な取引を生み出している。自然の恩恵のみに頼る生産活動は少ない。野菜や米が収穫され、私たちの食卓に運ばれるまでには多くの道具が介在する。工場で生産される衣類も食品も生産手段としての道具を使って自然を加工したものである。

農業用のトラクターや脱穀機、漁業用の船舶や魚群探知機、運搬に使用するトラック、林業で使用するチェーンソー等などが第一次産業の生産手段になる。羊毛から衣類を作るプロセスを考えてみよう。羊の毛を刈る鋏にはじまり、生地を裁断する機械やミシンなど多様な資本が介在している。家電製品や自動車、コンピュータ、工作機械などの産業が成長することで、第一次産業の資本が蓄積し、そのことが第一次産業に従事する人口を減少させることになる。第二次産業の資本が蓄積すれば、第二次産業の就労人口が減少し、新たな産業従事者を生み出す。新たな道具を生産する事業が誕生するたびに資本が形成され、市場が拡がりを持つのである。

しかし、新たな道具とそれに伴う新たな知識のすべてが起業に結びつき、市場を形成するとは限らない。どれほど価値ある道具や知識も、コストを下げ、リターンを高める知識でなければ交換対象とならない。先に述べたように、１００年後に意味を持つ知識や私有財産の形成に関与しない知識は、社会的な共有財産として育成しなければならない。市場で取引されない知識は、市場以外で蓄積することが必要になる。それが国家の役割でもある。市場の失敗を補う役割である。

資本主義社会は、私有財産制度と交換経済という特徴から説明された。自給自足経済ではなく、分業経済のなかで私有財産を守るためには、交換の際の見返りを最大化し、犠牲を最小化することが必要である。誰もが自己の責任において自らの財産を守らねばならないということが競争を生み出している。

この競争は、生産された財やサービスのみならず生産するための諸要素の交換にも当てはまる。土地や労働力の交換が競争に巻き込まれる。そして、資本主義の最大の特徴は、道具である資本の交換である。良い道具を所有することで有利な交換が可能になり、自らの財産を最大化できるとなれば、誰もが良い資本をより多く所有したくなる。その結果、資本主義社会では、質の高い資本が急激に蓄積されることになる。本書は、こうした資本を、知識と技術の塊としてとらえることになる。

第3章　資本と貯蓄

合理的経済人

資本は第3の生産要素であり、コストを削減し、リターンを増加させるための生産手段である。個人の隔離された生活を考えてみよう。想定される人間は合理的な経済人である。ここで合理的というのは特別な意味を持つものではない。普通の行動基準を持つ人間は一般的には合理的とみなして構わない(1)。

たとえば、あなたはのどが渇き、清涼飲料水を購入しようとしている。自動販売機ではコーラやジュース、その他の清涼飲料水が販売されている。どれも同じ価格であるとき、あなたは一番欲しいと思うモノを購入せず、満足度の低いものを選択するとしよう。このとき、あなたは非合理的な行動を取ることになる。しかし、一般にそうした行動を選択する人間はいない。自らの選択は、満足度の高い順に選択するはずである。

もちろん、情報は完全でないし、結果として間違った行動であることは多い。美味しいであろうと選択したジュースが期待はずれであることは起こりうる。しかし、それは結果であって、意思決定の時点ではない。まずいジュースということを記憶しているにもかかわらず、再びまずいジュースを選択する人間は合理的経済人ではない。この場合も、まずい記憶が残っている限りにおいてである。私も多々失敗する。過去に購入し、苦い思いをしたことがあっても、忘れてしまい、再び過ちを繰り返す。次は失敗をしないと心に誓うのである。そうした愚かな人間も、購入する段階で、一番満足が高いと思う財やサービスを購入しようとしていれば合理的とみなされる。つまり、ここで仮定する合理的経済人は普通の人間である。

山奥での生活

さて、あなたは人里離れた山奥でひとり生活をすることになった。山は豊かな生活をするほどの自然には恵まれていないが、なんとか空腹を満たすだけの食糧資源がある。高い木の枝には、果実がなっている。獲物としては十分な小動物も生息しており、狩りをして生活することができる。川には小魚が棲息している。しかし、この地に住むようになったときには着の身着のままであり、何も持っていなかった。

あなたは木登りが不得意であるため、高い木の枝になる果実を口にするには危険が伴う。

身の安全を考えて行動するとなれば、猟か漁のいずれかを選択することになる。とは言っても、いずれの場合も、素手で獲物を獲るしかない。小動物はすばしこく、あなたが追いかけ回しても狩りが成功するか否かは運任せである。しかも、小動物では決して満腹感を味わうことはできない。運良く狩りに成功しても空腹を満たす程度である。他方、群れを成して泳ぐ小魚は、安定的な食糧資源である。賭けをすることもなく、1日の労働時間を漁に専念すれば生活ができる。

素手で漁をするのは大変なことであるが、1日16時間を魚獲りに専念すれば、8尾の小魚を確保できる。小魚8尾は、空腹を満たす程度であり、満腹にはならないが、生きるためのぎりぎりの栄養源になる。あなたは、同じ程度の満足感であれば、運を天に任せるような狩猟ではなく、川で漁をすることを選ぶであろう。合理的であれば、同じ満足感しか得られないにもかかわらず危険を冒すことはしないはずである。

あなたの1日の総生産物＝総所得（国民所得計算ではGDPに該当）は、小魚8尾である。この8尾は空腹を満たすためにすべて消費されることになる。ここでは次のような関係にある。

（1）　総生産物＝消費

あなたは冒険を好まない限り、毎日同じ生活を繰り返すことになる。気まぐれで小動物を追い回す日があったが、失敗したときの後悔は相当なものである。余裕のある生活での気まぐれではない。空腹で生きるか死ぬかの選択のなかでの失敗である。あなたは失敗を機に、漁に専念することになろう。

貯蓄を資本へ

こうした生活が毎日続いたある日、将来を展望することになる。あなたはいくつかの選択肢を持っている。第1に、このまま同じ生活を継続する。8尾の魚を獲り、これを食べて寝るという生活である。生活に豊かさはないが、変化もなく、安定した日々を過ごすことになる。第2の選択は、8尾の魚のうち、何尾かの魚を明日に残し、翌日の漁の時間を短縮し、休憩時間（レジャー）を持つという選択である。1日16時間の漁で8尾の魚が獲れていたとすれば、4尾の魚を蓄えれば翌日は8時間労働で8尾の魚を食し、8時間のレジャーを楽しむことができる。しかし、日々の食糧が栄養失調にならない程度であるため、レジャーを楽しむのは楽なことではない。せいぜい休息に当てる程度であろう。レジャーを選択すると、その翌日は再び元の生活に戻ることになる。

第3の選択は、4尾の魚を蓄えるとしても、翌日は休息日ではなく、いつもと同じくフルタイム労働に従事するというものである。ただし、すべての時間を漁に当てる必要はない。魚は8尾を確保すればよいので、余分の時間は魚網を編む作業に従事する。4尾の魚が蓄えられているので、8時間は魚網の生産時間となる。

第1の選択は、総生産物＝消費の関係はそのままである。総生産物も消費も小魚8尾である。第2の選択は8尾の生産物が、4尾の消費と4尾の貯蓄に分かれることになる。それは次のように示される。

総生産物＝消費＋貯蓄　　(2)

翌日は、漁は4尾で終わるため、再び総生産物＝消費となる。

第2の選択と第3の選択は翌日の生産物に差をもたらす。つまり、第2の選択では翌日の生活は貯蓄の取り崩しによる消費生活であるが、第3の選択では生産物が、魚と魚網になる。魚網は、魚を獲るための道具であり、資本が形成されたことになる。一般に投資（資本形成）と呼ぶことができる。この関係は次のように示される。

総生産物＝消費＋投資　　(3)

第3の選択は貯蓄した魚が消費されずに、魚網という魚以外の生産物に結びつけられたのである。（2）式と（3）式から次のようになる。

貯蓄＝投資　　　　　　　　　　　　　　　　　　　　　　　　（4）

魚網の完成後は、漁が楽になり、短い時間で多くの魚が獲れるようになる。第1および第2の行動は、生産物が成長しない。毎日の消費生活は増えることがなく、同じ消費生活を繰り返す単純再生産であり、毎日の所得および暮らしは一定である。貯蓄を道具の生産以外に利用すれば単純再生産の社会である。レジャーを選択しなくとも、神社や仏閣、あるいは古代のピラミッドやスフィンクスの建造などに利用すれば、生産物は増加しない。しかし、第3の選択は、投資が所得の増加に結びつく。苦あれば楽あり。我慢して貯蓄し、これを投資することにより、生産物が増加し、豊かな暮らしが実現する。拡大再生産である。

このストーリーは、貯蓄と投資に1日の間をおいているが、1日のうちに完結すると考えることもできる。つまり、はじめから8時間労働で4尾の魚を獲り、空腹を我慢しながら8時間で魚網を編むというストーリーである。しかしながら、いずれの場合も、多少の空腹という我慢の可能な範囲であったことが幸いしている。限界的な環境では、魚網を編む余裕はない。貧しい社会が貧しいままであるのは、道具を作る余裕がないためである。

あなたは魚網を完成させ、多くの魚が食べられるようになる。次に、あなたが選択するのはいかなる行動であろうか。あなたは、さらに多くの魚を獲るために大型の魚網を編むことを考えるかもしれない。あるいは、これ以上の魚には魅力を感じず、小動物を捕獲するための罠を仕掛けようと考えるかもしれない。素手に比べて確率も高く、罠を作るのは魅力的な投資である。また、あなたは高い木の枝になる果実を採るために、縄梯子を作ろうと考えるかもしれない。

あなたが合理的であれば、次の選択も、その時点であなたの満足を一番大きくさせる行動でなければならない。あなたは自らの犠牲と見返りを比較して、合理的な行動を選択するであろう。先に説明したように、結果については十分な評価はできない。罠を作っても小動物を捕獲できないかもしれない。縄梯子を作って食べることができた果実は、あなたの舌には強烈過ぎる味かもしれない。しかし、事前の意思決定段階ではわからない。合理的な選択をしても、結果が失敗するから企業経営は難しいのである。

はじめて魚網を作るときの犠牲は大きなものであったが、魚網の所有後は投資が容易になった。なぜなら、あなたは多くの魚を手に入れており、貯蓄をすることが苦にならないからである。貧しい社会は、日々の生活で貯蓄どころではない。水を汲むのに水瓶を抱えて5時間の道のりを歩いていた人が、井戸という資本の形成により何を手に入れることができるであろう。新たに使えることとなった5時間は、別の消費財の生産や資本財の生産に費やすことができる。つまり、生産物の増加が容易になっている。投資は生産を容易にするのである。

消費をする人と投資をする人

あなたの山奥での生活は、合理的な個人を想定したものであったが、それは複数の人が集う社会にも当てはまる。いま、社会全体で100の生産物を作る能力しかないとしよう。この100の生産物はどのような財・サービスでも構わない。しかし、貧しい社会では、社会構成員のすべての人が100のすべてを衣食住に費やしてしまう。そのため、貯蓄をすることができず、日々の生産活動のすべてが日々の消費に充当される。生産手段という資本を形成できないのである。さらに貧しい社会では、衣食住に必要な最低限の生産物が確保できない。100の生産が必要であるにもかかわらず、80しか生産できなければ20を他の社会に依存しなければならない。100生産できるのに消費生活が80で済むのであれば20を資本形成に当てることができる。衣食住に関する消費財は80で、残りの20が資本財になる。

豊かな自然資源を持つ社会は、少ない労働力で多くの生産物を手に入れることができる。消費生活のための生産物が豊富であれば、貯蓄は容易である。しかし、容易に生産できる社会では資本形成には使われないかもしれない。道具がなくとも美味しい果実を採取できるときに果実を採るための道具を作るであろうか。余暇を選択するかもしれない。あるいは、芸術的な活動に支出されるかもしれない。貯蓄が投資に向かう社会は、現状に対して不満を有していることが必要なのかもしれない。あるいは、欲望を持ち続ける社会であることが必要である。さらなる消費欲求が投資をもたらすことになる。

話を元に戻そう。人々が集う社会では、消費をする人と投資をする人が異なる可能性を持つ。魚の消費と魚網への投資を選択したストーリーでは、消費者と貯蓄者、そして投資者があなたという同一の人格であった。ところが分業経済では多くの消費者が多様な財・サービスを消費し、所得のうちから消費しなかった残りが貯蓄となる。生産者は、消費者がどの程度消費するかを正確に知ることができない。生産したが購入されなかった部分が貯蓄である。売れ残りも貯蓄であり、在庫を増やすことになる。これは在庫投資と呼ばれる。

100作る能力のある社会で、生産者は80を消費財として生産したとしよう。20は工場や店舗などの資本形成として使われた。しかし、消費者は予想に反して70しか購入してくれなかった。生産者の倉庫には売れ残りの商品が10積まれている。この10は費用をかけて作ったが、その費用を回収できない商品である。結果として、総費用は90しか回収されないこととなり、生産能力は100から90に下がることになる。

他方、100の生産能力を有する社会で、消費者は80を消費したいと考えていたとしよう。しかし、生産者は消費用の財・サービスを70しか作らず、30を資本形成に当てたとしよう。一時的に物不足の社会にはなるが、資本形成の結果、将来は消費財が増加することになる。意図した結果になるか否かがわからないところが人間社会の難しいところである。

政府と海外の活動

さらにもう一つ考えてみよう。１００を生産できる社会で消費者が70を購入すると予定し、消費財70を生産するが、企業は20の資本形成しかしないと仮定しよう。余剰の生産能力10を持つことになった。換言すると、所得１００があるのに、70しか消費しないために貯蓄が30になっている。しかし、投資は20であるため、実際に生産されるものは90になってしまう。貯蓄ができるほど豊漁であっても、魚を消費したいと思う人が見つからなければ魚は生ゴミになってしまう。それは売れ残りであり、意図せざる在庫の増加である。貯蓄ができても、意図した投資に結びつかない場合には所得を減少させることになる。多くの貯蓄を期待しても、所得が減ってしまうことで貯蓄自体も減ることになるのである。

周知のように、政府の役割が登場するのはこうした考え方にある。余剰の生産能力を政府が買い手に回れば所得を減らすことはない。道路や港、空港やその他の社会的な資本を形成するために貯蓄を利用することになる。政府を加えると次のような関係になる。

総生産物＝消費＋投資＋政府　（5）

生産される財は、消費者の購入する財70、企業が購入する資本財20、そして政府が購入する財10となる。10の社会的資本が形成されたことになる。政府が貯蓄を利用しなければ、利用できる資源が使われないことになる。失業の発生である。

所得は消費と貯蓄に加えて、税金に分けられる。そのため、次のような関係になる。

総生産物（所得）＝消費＋貯蓄＋税金　（6）

（5）式と（6）式から次の関係に整理できる。

貯蓄＋税金＝投資＋政府　（7）

（貯蓄－投資）＝（政府－税金）　（8）

（8）式の左辺（貯蓄－投資）がプラスの値であれば、貯蓄に対して投資が過小な状況である。民間の家計と企業では、総生産物のすべてを購入しきれない。それは家計の過小消費でもある。そのとき、右辺（政府－税金）の政府支出が税金を上回って財・サービスを購入すれば総生産物は買い手がつく。政府による需要の管理である。それは財政赤字を生み出すが、家計の貯蓄を政府支出に充当することで所得が減らずに維持されることになる。政府が家計の貯蓄を利用するか、企業が家計の貯蓄を利用するかの相違である。いずれも、貯蓄の利用であることに変わりはない。つまり、国の借金も使い方によっては価値があるのである。黙って何もしなければ所得が減ってしまうとき、社会資本を整備することに使うことは悪いことであろうか。問題は、社会資本にならないような使い方に問題があるのである。

これに海外との輸出入を考慮して、貯蓄と投資の考え方を膨らませることができる。輸入は国内の消費や投資、政府支出を増やすことができる。他方、輸出は国内で生産された所得が海外で消費されることを意味する。それゆえ、次のようになる。

総生産物＋輸入＝消費＋投資＋政府＋輸出　(9)

この式を先のように整理すると、次の式になる。

(貯蓄－投資)＝(政府－税金)＋(輸出－輸入)　(10)

財政赤字が0であるとしよう。そのとき、貿易収支が黒字であれば過小投資を補うことができる。いずれにしても、生産しなければ貯蓄は減少してしまうのである。

金融資本市場

こうした不特定多数の異なる欲望を持つ人々の消費を考えることは、同時に貯蓄と投資を予想することになる。この貯蓄と投資を結ぶ市場が金融資本市場であり、こうした難問を調整する役割を担っている。

あなたが魚を獲りすぎているとしよう。満腹になったあなたにとって、余分な魚は無価値である。しかし、他方で、空腹で仕事ができない人がいる。彼が魚を食べることができれば労働力の担い手になれる。あなたの無価値な魚は、空腹な人の手に渡ることで価値を生むことになる。彼は魚の見返りに魚網を作ることができる。このとき、あなたの余分な魚は貯蓄することができたのである。

この貯蓄形態は魚の形ではない。魚は空腹な人のお腹のなかにある。あなたの貯蓄は空腹な人に提供された魚の価値として記録され、その代償として魚網が作られたのである。すなわち、魚網という道具は、あなたの資産であり、これを所有する権利を持つのである。あなたは貯蓄主体（資本供給者＝家計）であり、投資主体は魚網を作った人（資本需要者＝企業）である。後章で説明する株式会社の場合、株主が貯蓄主体であり、経営者を含む企業組織は資本を需要する投資主体である。こうした貯蓄主体と投資主体の分離も分業である。

問題は、あなたが余分の魚を保有し、魚網を作ることのできる空腹な人の存在をどのように知ることができるのか、ということである。身近に空腹であるが魚網を作ることができる人を知っていれば良いが、簡単なことではない。魚網を作ることができる人を見つけても、満腹であれば、あなたの余分な魚を欲しない。空腹であるというのは、魚網を作る仕事をしたいが、そのための資金がないということを意味している。貯蓄主体と投資主体が分離した分業経済では、金融資本市場が両者を結びつける役割を担っているのである。もちろん、自ら貯蓄をして自らが投資をする人も多い。町の飲食店や小売店の多くは、店主が消費を我慢して貯蓄しなければお店を開店することはできなかったであろう。

さて、これまではモノの世界で資本と貯蓄の関係を考察してきた。しかし、モノの世界だけでは、貨幣経済に慣れ親しんだ私たちにはかえって理解できないかもしれない。貨幣の役割は、交換経済には欠かせない。貨幣は、交換をスムーズに行うための道具であり、わざわざ貨幣という交換のための道具を作ったのである。貨幣が存在することで取引コストが削減されているのである。具体的に考えてみれば理解は容易である。

あなたが小魚を余分に持っており、果実と交換したいと考えているとしよう。果実を余分に持つ知人と交渉すると、彼は小魚を欲せず、小動物を欲しがっていた。そこで、あなたは小動物を捕獲し、これを持って果実と交換する必要がある。しかし、あなたが小動物を捕獲する技術を有していなければ、あなたは小動物を余分に所有し、交換しても良いと思っているヒトを探さねばならない。小動物を余分に所有するヒトが見つかったとしても、彼は小魚との交換を希望しないかもしれない。彼が衣類を欲しており、衣類を所有するヒトが、あなたの小魚との交換を望めば、ようやくあなたの目的が遂行できる。あなたは小魚と衣類を交換し、衣類と小動物を交換し、小動物と果実を交換するという手順が必要になる。

あなたの小魚は活かされたのであるが、実際のところ、こうした偶然に頼ることは無意味である。この交換に費やしたあなたの労働時間はどれほどであろうか。しかも、偶然にも小魚を欲するヒトを見つけることができたが、それほど簡単には実現しないであろう。社会における取引コストは莫大なものである。誰でも交換したいと思う貨幣という商品を作ることで、この取引コストを削減することができるのである。

これは貯蓄における貨幣の役割についても同じように考えることができる。先に述べたように、あなたの小魚が貯蓄されるには、あなたの小魚を欲する魚網を編むことのできるヒトを探さねばならない。今日の消費財と今日の消費財を交換するのではなく、今日の消費財と将来の消費財を交換するのである。貨幣の存在は、この交換を金融資本市場で行うことができるのである。

たとえば、あなたは銀行にいくらの貯金があるであろうか。株式や社債、あるいは国債を所有していないか。それらの合計は、あなたの金融資産である。個人金融資産の額は何を意味しているのであろうか。あなたは、毎月給与をもらい、毎月の収入が支出を上回れば貯蓄をしたことになる。タンス預金（もちろん、自宅の金庫も同じである）以外は、銀行や証券会社を通じて、預金や株や社債になっている。銀行の金庫にあなたの貯蓄が紙幣や硬貨のまま保管されているのであろうか。株式や社債を購入すると、あなたが支払った紙幣や硬貨はどこに行くのであろうか。

銀行の金庫には、預金者のお金はわずかしか残されていない。ほとんどは企業に貸し出されている。もちろん、貯蓄できない社会では、銀行に預金することはできない。給与のほとんどを消費に費やしてしまう。企業への貸出しはできないのである。社会は、消費財を生産する企業で一杯である。しかし、銀行に預金することができる社会は、給与のすべてを消費財やサービスの購入に支出する必要がない。社会の一部は家計向けの財・サービス以外の生産活動に携わることができる。

企業に貸し出された資金は、企業の資産を形成するために使われる。借り入れる企業は家計向けの生産活動に携わる企業だけではない。企業向けの財・サービスを生産する企業も資金が必要である。企業はある一定額を現金のまま保有しているが、多くは原材料や部品、商品、備品、車両、店舗や建物、土地などの購入資金となる。社債の発行も、株式発行も同じである。いずれも、家計の貯蓄が原資となり、企業の資産を形成する。国債は、私企業の資産ではないが、道路や港などの社会資本を形成する。企業に出資された株主資本も、借入金も、国の借金も、何らかの資産になっている。この資産の価値を金融資産が示しているのである。

企業は土地と労働力に加えて、資本を使用して、ある期間に財・サービスを生産する。こうして生産された総生産物は、家計の購入する消費財と企業の購入する資本財に分かれる。家計が購入しなかった財・サービスは貯蓄であり、それは企業が購入した財・サービスのうちストックとして蓄えられる部分である。消費されないものは貯蓄であり資本として認識されることになる。意図した在庫投資も意図せざる売れ残りの在庫も消費されていない以上、それは貯蓄であり投資と定義される。

過去からの貯蓄が毎年資本財となって企業のストック部分を形成する。これが資本なのである。私たちの金融資産は、こうした生産のために準備されたストックの評価部分である。売れ残りの在庫は売れ残りとして評価し、設備も必要度に応じて評価されることになる。タンス預金は、こうした貯蓄と投資のパイプを切断してしまう。せっかく貯蓄することができる社会であるにもかかわらず、貯蓄は活かされずに総生産物は縮小することになる。

ところで、金融資産の評価は重要な意味を持つ。もし新たな貯蓄が新たな資本の形成に使用されなかったらどうなるであろうか。社会の代表であるあなたが貯蓄をし、その資金ですでに発行されている債券（株式）を購入するとしよう。新たに発行された債券（株式）ではないので、企業の資本調達とは無関係である。家計の貯蓄は企業の新規の投資計画には利用されず、過去に発行された債券（株式）の購入に当てられた。新しい買手の市場参入によって、債券（株式）の価格は上昇するが、約定金利（配当金）に変化はない。そのため、利子率（株式投資収益率）が下がることになる。

金利については、後述するが、ここで問題になるのは、新規の投資計画が魅力的でなければ古い実行済み投資計画が相対的に魅力を高めるということである。債券や株式のみならず、土地やその他の不動産の価格が高くなる。新たな貯蓄が新規の投資に利用されないということは、資産価格の上昇につながり、一般的には金余りと呼ばれる状況になるのである。証券会社や不動産会社の所得が増加し、関連した店舗や職種が増加する。人々が関心を持つ情報は、金融や不動産情報に偏り始め、それらの知識や技術が発達する。優秀と思える人材は、モノづくりから金融商品などの開発にかかわり始める。これはバブル経済の意味を暗示する。

（1）経済心理学では、不確実性や限定合理性などに着目し、人間の経済行動における不合理性を説明する。利得と損失の大きさに対する効用や確率分布による行動特性では合理的とは思えない行動を選択する。

第4章　遠回りの生産

迂回路の選択

私たちは、渋滞する可能性のある市街地を避けて、バイパスを選択することがある。迂回路の選択である。その選択は距離としては遠回りになるが、時間としては短縮されることを期待する。人間が道具を使うのも、こうした迂回した生産活動である。直接に果実を採ることもできるし、魚や動物を捕獲することができるかもしれない。しかし、人間は弱く、俊敏でもない。熊のように魚を捕獲する能力もないし、猿のように木に登ることもできない。そのために、私たちは道具を準備し、その後に自然に働きかけるのである。つまり、迂回生産である。

分業の役割について説明したように、私たちは自ら稼いだ所得で購入できるテレビでも、ひとりで生産することはできない。ここでは分業経済を迂回生産の視点から見てみよう。おにぎりを作ったことがあるだろう。材料は、海苔とお米と塩、中身のない簡素なおにぎりである。ご飯を炊いて、手の平に塩を一つまみ馴染ませ、温かなご飯を手で握り、海苔を巻いて完成である。しかし、この簡単なおにぎりも、ひとりで作るとなると大変である。たとえ、農業を営んでいるとしても、同じように苦労する。

米は、どのように作られるのであろうか。第1章で述べたように、米作りのための知識や技術は歴史の積み重ねで蓄積されたものである。これを簡単に真似ることはできない。しかし、ここで問題にするのは、技術や知識など、生産方法の相違ではなく、迂回生産に絞ることにしよう。もちろん、技術や知識の問題は、迂回生産と切り離せないが、その関係については、後で明らかにすることとしよう。

まずは、おにぎりを作るための遠い道のりを考えることにしよう。江戸時代のおにぎりでも、田起しには鍬や鋤が必要であった。鍬や鋤がなければ、素手で田を掘り起こすのは大変である。臼を準備しておかねばならない。米が手に入っても、炊飯釜がなければご飯は炊けない。しかし、実際には、ご飯を炊くまでに、もっと多くのプロセスがある。農家が俵に米を詰め、各家庭の台所まで届くには、陸路や水路を使った輸送が必要であり、船や荷車が準備されていなければならない。こうした道具を作ってからでないと、江戸時代の米でさえあなたの口に入るところまで届かない。

米作りのための鍬や鋤の素材は鉄と木である。鉄は、鉄鉱石を採掘し、酸化鉄に含まれる酸素を除去して作られる。千度以上の高温状態を維持する技術が必要であるため、製鉄技術は知識水準を示す尺度でもある。幕末までは「たたら」と呼ばれる製鉄技法であったようだが、現在では高炉法と電炉法で製造され、転炉や連続鋳造工程などの銑鉄設備を有する製鉄所になっている。最も簡単な生産設備で作るとしても、鍬を作るには時間がかかる。

柄の部分の木材も、林業を考える必要がある。植林し、育てた木を切り倒すのは、斧やノコギリ、あるいはチェーンソーが必要である。斧もノコギリも鍬や鋤と同じ材料からなる。倒された木は、筏（いかだ）を組んで川を下る。筏にするには麻を使ったロープが必要である。山の麓からは、木を製材所に輸送し、そこから材木商に運ばれて行く。ここにも輸送手段が必要とされ、製材所には木を削る道具が準備されている。

麻は農家が栽培している。米と同じほどではないが、そこにも道具が介在する。粘土で作る臼も、ご飯を炊く釜も、すべてを最初から準備することにしよう。あなたは、江戸時代の米を作るのに何年の歳月を必要とするであろうか。回り道にも気が遠くなるような道のりである。これが迂回生産なのである。

現代の米は、トラクターや田植え機、コンバインなどの機械が使われている。輸送手段には、トラックや鉄道が使用され、その燃料には石油が使用されている。石油は、油田の開発と石油精製施設、そして石油タンクや大型のタンカーが必要であり、燃料のみならず、多くの生産手段の部品や材料になっている。米を手に入れるために、順番に道具を作ることにしよう。あなたは一生かかってもおにぎりを食べることができないであろう。海苔や塩どころではない。白いご飯を口に入れるために、多くの回り道をしているのである。

ストック社会

迂回化が進むことは、おにぎりを口にするまでに様々な道具と様々な技術や知識が介在していることを意味する。つまり、道具を作るための労働力、それも知識と技術を持つ人材を確保しなければならない。ここまでに例示した多くの道具を準備するには、これを作る労働者の生活を維持しなければならない。大規模なおにぎり工場を作るためには、工場の建設期間中の労働者を養わねばならない。貯蓄が必要なのである。

迂回化という遠回りの時間は、実際のおにぎりの生産時間を短縮化し、我々に多くのおにぎりを安い価格で提供してくれるのである。おにぎりに限らず、私たちが消費する財やサービスは、多くの迂回プロセスを経て生産されている。あなたが着ている洋服は、羊の飼育から始まり、最終的に洋服屋に吊るされる。羊毛を刈る鋏、輸送器具、紡績機、デザイナーなどの様々な人が様々な道具を使用して洋服が完成する。実に長い道のりである。この道のりが長くなれば長くなるほど、多くの知識と技術が介在し、服の質は良くなり、様々な種類の服を安価に手に入れられるようになる。迂回化が進むということは、道具という資本がストックとして準備されていることを意味する。瞬間撮影を行えば、現在の世の中は、道具にあふれているのである。その道具は、過去の知識や技術の塊で生産され、現在の知識と技術で使用される。

新たな生産活動により生産された財・サービスが人々に分配されて所得となる。所得のうちに消費されなかった財・サービスは貯蓄である。厳密には、新たに生まれた貯蓄は純貯蓄である。迂回生産が進む過程は、純貯蓄が新しい資本を形成するプロセスである。これまでの貯蓄はすでに存在している工場や機械装置、様々な道具、店舗、そして在庫の商品や部品、原材料、そして生産のための知識や技術などである。知識や技術については、本書の重要なテーマである。これらの貯蓄された資本は、徐々に価値を減価させていく。

道具には必ず耐用年数がある。斧やノコギリ、ノミや包丁などは、刃先を研がねば切れなくなる。研ぎ石で何度も研いでいるうちに刃は小さくなって、最後には使えなくなる。機械にも寿命がある。知識や技術も陳腐化し、価値を維持することはできない。人間の作る有形無形の道具は、すべてに寿命があるのである。それゆえ、貯蓄はいつまでも維持されているものではない。道路や港、水道などの社会的資本も価値が減価する。そのため、貯蓄を維持するには、補塡しなければならない。一般には減価償却した価値を再投資しなければ迂回生産を維持できない。これを維持した上に、新たな資本を形成しなければならないのである。社会は、最終的な家計のための消費財とサービスを生産するために、産業構造を作り上げる。複雑な網の目のような企業間関係が成立するが、いずれも最終的には消費者の豊かさに貢献できねばならない。鋏は、羊毛を刈るためにも使われるが、家庭でも様々な用途に使われる。自動車は、企業間の運搬や営業活動に使われるが、製鉄所でも利用されるし、家庭でも利用される。その本質は、生産にかかる時間にある。時間の問題については、繰り返し登場することになろう。

知識の育成は遠回り

資本という道具を使うことができるのは、霊長類である人類の特徴である。人類が道具を使うことができるのは、二足歩行により、手が解放されたこと、そして道具を使う知恵があったからである。資本は知識と技術の塊であり、その使用にも知識と技術を要求する。知識との結合なしの労働はありえないが、ベルトコンベアの流れ作業のような一部の労働は、極めて単調であり、特別な知識を持たずに従事することができる。大工場で働く単調作業を担う労働者は、経験や知識を要求されないために疎外感を抱き、自らの持つ知識や技術の発露を求める。人間的な労働ではなく機械の歯車になるのは苦痛である。

労働するための知識や経験は、一朝一夕に培われるものではない。経験豊富な熟練職人は、未熟練の作業員が5時間かかる作業を1時間で完了するかもしれない。あるいは、同じ時間でより精密で品質の高い製品を作ることができる。両者の違いは、単純な労働力に付加された経験や知識のストックにある。それは、道具を持つ労働者と道具を持たない労働者の相違に相似する。道具を生産してからモノ作りを行うという迂回生産と知識や経験を積んでからモノ作りを行うというのは有形か無形かの違いだけである。

たとえば、あなたが脱サラをして、農業を始めようとしている。現在の会社は家電製品の営業をしており、農業に関する知識や経験は皆無に等しい。あなたは、毎月の給与を貯金し、トラクターを購入しようとしている。このトラクターは、農業の開始時点で現物出資をすることになる。他方、あなたはトラクターの購入ではなく、貯蓄を教育費に当てようと考えている。農業の知識がないため、夜間に専門の大学院に通い、農業の技術や知識を得ようというのである。大学院に通う費用は、トラクターの購入と同じである。トラクターを使用することで農業の生産性が高まることは間違いないであろう。しかし、農業技術を学ぶことも重要である。

単純労働と機械の組み合わせか、農業技術と単純労働の組み合わせである。ここでは、いずれが高い生産性を実現するかを問う必要はない。いずれも重要であることは間違いないからである。教育にかけた費用は、あなたに対する教育投資であり、知識や技術のストックとして人的な資本を形成したのである。回り道ではあるが、農業を営むためには必要な投資であろう。農業の開始時点で、トラクターを現物出資したのと同じく、あなたの知識と技術を現物出資することになる。トラクターという目に見える有形資産と農業に関する知識や技術という目に見えない無形資産という相違でしかない。

このように考えると従業員の知識や技術を育成するような従業員重視型経営は、従業員資本家が相対的に多いといえるかもしれない。もちろん、この資本は貨幣資本の出資者ではなく、自らの知識や技術のストックを実物資本として出資している。それは土地や家屋などの有形の資本を出資しているわけではないため、理解することも評価することも難しい。しかし、従業員の流動性が高い企業組織を考えてみよう。退職者の代わりに新しい従業員を雇用するが、はじめから仕事の仕方を知っている人はいない。いかに単調な仕事であっても仕事をするには教育・研修が必要である。この教育コストは、回り道ではあるが必要なプロセスである。人材が流動化すればするほど、いつでも新たな回り道を要求するが、知識や技術のストックが形成されない。人材が固定化すると、過去に回り道した長い道のりが知識や技術のストックとして蓄積される。

これは個人の従業員が持つストックばかりではない。老舗レストランのレシピ、営業所の顧客リスト、商品陳列方法、金融商品に関する契約方法、その他、企業が企業として存在意義を持つありとあらゆる知識や技術、ノウハウなどが組織により培われてきた無形の資本ストックである。

農業の技術は、道具の発達がなくとも試行錯誤を繰り返しながら改善されてきた。その蓄積は、有形の固定資産ではないが、無形の固定資産となって蓄積されている。先祖代々の農業は、知識の伝承が行われていたはずである。単純な道具を使う農作業も、知識が蓄積され、徐々に農業の生産性が向上し、人々が貯蓄できる環境を作っていったと考えるべきであろう。社会の多くの労働力が食べるために費やされている時代には、道具の生産に振り分ける余裕はない。徐々に蓄積した農業技術が、農業生産物を増加させていなければ工業化する余裕などなかったであろう。

このように考えると、資本の価値は知識の価値であるということが理解できる。最近の機械装置には多くの特許技術が詰め込まれている。特許という言葉が使われると目に見える有形の資本のなかに知識が包含されていることが理解される。しかし、知識や技術は特許にならないものが多い。あるいは、すでに誰もが利用しているために特許にならない知識や技術がある。こうした有形の資本ストックが過去の知識の塊であるとすれば、これを利用するための様々な活動も知識のストックが利用されている。この問題は企業の資本価値、利子や利益の測定に深くかかわってくる。

資本の運動

企業活動を考えてみよう。企業は、貨幣資本を準備し、これを原材料や部品、固定的な生産設備などの生産資本に変換し、労働力と結合して商品を生産し、この商品資本を販売して、再び貨幣資本に変換する。貨幣資本→生産資本→商品資本→貨幣資本という資本の回転運動は、速ければ速いほど効率的である。投入した貨幣が増加した貨幣となって回収されることで、利益が獲得され、資本の増加を実現する。この速度が速ければ、利益は大きく増えることになる。おにぎりを作り、これを販売するのも資本の運動である。はじめに貨幣資本があり、炊飯器と塩、そして米などの生産資本を仕入れる。ご飯を炊き、おにぎりを作る生産活動を経て、出来上がったおにぎり（商品資本）を販売して貨幣を獲得する。獲得した貨幣は、一般に売上と称される。売上高を資本で除することで資本回転率が求められる。

しかしながら、貨幣資本→生産資本→商品資本→貨幣資本という資本の運動は単線ではない。生産資本は、すべての原材料が一度に商品に変わるわけではなく、一部は在庫として残っている。工場や機械装置なども1回の回転で商品になり、貨幣として回収されるわけではない。すべての資本形態が同時に存在している。資本の運動は単線ではなく複線で進行していくのである。ここでは、会計帳簿の貸借対照表を念頭にして資本を考えていこう。

経理や簿記の知識がないヒトは、貸借対照表が何を意味するかを知らないかもしれない。貸借対照表は、ある時点（決算時）の財政状態を示す表である。簡単に説明すると、表の左側（借方）には資産、右側（貸方）には負債と純資産（以前は資本の部と称した）が記載される。借方の資産は、企業が事業活動をするために購入したモノが金額と一緒に記載される。この金額は原則として購入価額である(1)。

貸借対照表の貸方は、借方の資産の資金をどのように調達したか、資産の稼ぐ貨幣が誰に帰属するかを示している。負債は、借金であり、他人資本（他人の貯蓄）を利用したことを意味する。貸借対照表における純資産は、企業のオーナー（出資者）の持分を示している。それは主に企業の自己資本（自分の貯蓄）であり、株式会社の場合には株主によって拠出された資本である(2)。しかし、負債も純資産も資金提供者にとっては貯蓄である。オーナーの貯蓄を利用するか、他人の貯蓄を利用するかの違いではあるが、社会全体で見れば消費を延期し、貯蓄をした結果である。銀行の借入は誰の貯蓄であるかはわからないが、不特定多数の預金者の貯蓄を利用することを意味する。個人企業に出資する場合、自己資本は、あなた個人の貯蓄である。株式会社の場合には多数の株主の貯蓄を利用することになる。

貸借対照表

（借方）		（貸方）	
現金	×××	買掛金	×××
売掛金	×××	短期借入金	×××
棚卸資産	×××	長期借入金	××××
備品	×××	負債　合計	××××
車両	×××	純資産	××××
建物	××××		
土地	××××		
資産合計	××××	負債・純資産合計	××××

銀行からの借金500万円と自己資金1000万円で事業を興したとしよう。創業時の貸方は負債が500万円で出資が1000万円であり、その資金を使って事業に必要な資産を購入する。使わなかった資金は現金として記載されている。したがって、借方合計金額と貸方合計金額は一致している。

事業が始まると現金をはじめ、原材料や商品などの棚卸資産、その他すべての資産が活用される。活用されるということは、貨幣資本は生産資本に変わり、生産資本は商品資本に変わり、商品資本は貨幣資本になることを意味する。原材料が活用されると、原材料が減り商品になる。商品が販売されれば、商品がなくなり貨幣が増加する。備品や車両、建物などはゆっくりと回転し、その価値を商品資本に移してゆく。回転が速ければ速いほど投入した貨幣が再び貨幣として回収されるスピードが高まる。1年間という限られた時間を想定すれば、その時間内に多くの貨幣を回収できることになる。

貸借対照表の借方の記載は、こうした考え方に基づいて貨幣に還流する早いものの順に記載される。貨幣そのものである現金・預金が資産の最初に記載され、次いで、受取手形や売掛金、商品などの棚卸資産といった現金と交換される順位の早い資産が記載される。一般に流動資産と呼ばれる資産は1年以内に現金化される資産であり、現金化されるまでの時間が1年を越えるものを固定資産と呼ぶ。

一定期間の事業活動が経過し、借金を増やすことなく資産が増えていたとしよう。資産合計から負債合計を控除した純資産が増加することになる。この増加額が純利益であり、減少した場合は、損失の計上である。純資産の増加は、オーナーの持分が増えることを意味し、これを利益と認識するのである。

純資産の増減の主要な原因は、損益計算書に記載される。損益計算書は、収益と費用をまとめた表であり、一定期間の経営成績を表している。収益は純資産を増やす原因であり、費用は純資産を減らす原因である。収益の中心は売上高であり、費用は売上のために費やされた様々な経営資源である。費用の項目は、売上原価、給与などの人件費、広告費、通信費、水道光熱費、減価償却費などである。収益から費用を控除した値がプラスであれば当期純利益が計上され、オーナーの持分が増えたことになる。これが財務諸表上の利益の考え方である。

貸借対照表や損益計算書で計算される利益は、一般的な利益概念として認識されるが、実は、ここに資本という概念を紐解く上で重要な問題が隠されている。資本と利益の関係については後の章で考えることにしよう。

この段階で確認しておきたいのは、社会全体の迂回化が進むと、個々の企業の貸借対照表の合計金額が大きくなるということである。資本の運動は、長く時間をかけて回転することになる。ところが、この迂回化は貸借対照表で十分に評価できていない。先に説明したように、トラクターと教育投資は同じ貯蓄を利用していた。その効果が同じようであれば、同じように記録したいものである。企業の教育・研修期間が長ければ長いほど複雑な取引や高度な知識や技術が必要な仕事である。しかしながら、この回り道をストックとして評価することが困難なのである。研究開発投資や自己創設暖簾なども同じである。これらの会計的な測定方法や評価については専門の会計学を学んでほしい。

ここでは簡単な例示により、暖簾が形成される理由と、それを会計的に評価することが難しい理由を説明しておこう。暖簾は、店の軒先に下げられる店名（商号など）などを記すシンボルから派生し、その店や企業の名声や信用を示す営業権を意味する。ブランドも一種の暖簾である。暖簾を持つ企業の営業マンは、会社名を印刷した名刺を持つことで、競争優位に立つことができる。あなたは聞いたこともない会社と有名な会社が同じ品質の製品を同じ価格で販売したときにどちらを選ぶであろうか。合理的経済人は、後者を選択する。こうした暖簾の形成は、数年前、あるいは数十年前からの製品開発や広報活動、地道な営業努力の賜物である。それらは従業員の給与となり、過去のコストとして認識されるが、現在の貸借対照表には評価されていない。こうした無形の資産を評価することが困難なのである。

現金のない会社

ハンバーガーショップを考えてみよう[3]。出資された貨幣資本は、店舗、厨房の機器備品、レジなどの固定資産と、パンやハンバーガーの原材料、ソースや塩、コショウなどの調味料に使用され、一部は貨幣資本のまま残されている。これらは流動資産である。こうした貨幣資本と生産資本にさらなるコストをかけてハンバーガーという商品資本に変換する。その過程で、労働コストと水道光熱費、その他の諸経費がかかる。ハンバーガーの完成段階では、貨幣資本、生産資本、商品資本が並存している。ハンバーガーが販売されると、貨幣資本が回収されるが、すべてのハンバーガーが一度に販売されるわけではなく、常に一定のハンバーガーが販売のために用意されている。

在庫がなければ、顧客は注文してからハンバーガーが調理されるため、待ち時間が必要になる。待ち時間の長さは生産活動にかかる時間の長さであり、資本の回転率の低下を意味する。つまり、1日に販売できるハンバーガーの売上が低下するため、資本の効率性が悪化する。もちろん、ハンバーガーの生産時間を短縮化することや、高い価格を設定できれば問題は解消できる。前者は生産効率を高め、生産コストを削減する。後者は差別化（生産に時間をかけ、品質向上など付加価値を与える）により、実現可能である。

ところで、ハンバーガーが調理され、販売されていく営業活動の最中に、貸借対照表の勘定科目が少しずつ変化していることがわかる。挽肉やパンなどのハンバーガーの材料がハンバーガーという商品に変わり、販売されると現金になる。水道光熱費や通信費、給与が支払われると現金が減る。貸借対照表の資産は、時間の経過に従って変化してゆく。それは、アニメーション・フィルムの1コマ1コマが映写機のなかで回転しているようなものである。このコマ送りの1コマは静止画であり、貸借対照表として開示される。どの1コマが静止画になるかは、映写機を止める瞬間で決まる。たまたまハンバーガーが出来上がった場面であるかもしれないし、ハンバーガーが売られた直後かもしれない。前者のコマと後者のコマでは、アニメの中身が異なる。ハンバーガーが画面に登場するか、キャッシュが登場するかの違いである。

どの画面が映し出されても、映写機を回せばコマが送られ、画面の中身は変化してゆく。

もし、同じ場面が多く続くとしたらアニメーションは面白くない。ハンバーガーショップは営業活動が休止していることになる。キャッシュに動きがなくても、ハンバーガーに動きがなくても問題である。たくさん販売して、多くの売上を稼いだとき、一時だけはレジのなかに豊富な現金がある。しかし、いつまでもレジのなかに現金を眠らせているわけにはいかない。現金がハンバーガーの材料や、その他の費用、あるいはテーブルや椅子などの備品に変わらねば営業活動にはならない。資本の運動が行われないことになる。

現金が増え続ける場合も、アニメは面白くない。同じキャラクターのみが登場するアニメを観たいとは思えない。ハンバーガーショップが成長するとき、現金はより多くの原材料や備品、さらには新しい店舗などの購入資金として使われなければならない。資産が有効に利用されるというのは、その資産が速いスピードで回転し、別の資産形態に変化することを意味しているのである。年中、豊富な現金預金がある会社は、資本の回転運動が目詰まりしていることになる。

ハンバーガーショップを眺めると、貨幣資本と生産資本、商品資本の3つの資本形態が同時に存在していることがわかる。迂回化は、生産資本や商品資本を増加させることを意味する。多くのハンバーガーを用意しておくことは多くの顧客の要求に応えられる。多くのハンバーガーを用意するためには、店舗や厨房の規模を拡大しなければならない。現金が他の資産に変化していく。それだけ貯蓄（貸方の資本）が必要であり、企業の生産活動は資本依存型になる。

企業の資産が成長するプロセスは、迂回化のプロセスであり、多くの貯蓄を利用することになる。もちろん、少ない資本で効率的に生産することが必要である。同じ売上であれば現金も、商品の在庫も、備品も、車両も、店舗も、土地も少ないほうが良い。回転の速さを競いながら迂回化をしなければならないということである。少ない資本で多くの売上を達成し、多くの利益を上げるのは知識や技術に依存する。魚網で考えれば、少ない貯蓄で多くの魚を獲る魚網を作ることである。企業とは、魚網と同じく生産のための道具であり、資本の塊である。この資本の塊が道具としての価値を高める鍵は、有形の資本ではなく、有形の資本を有効に利用するための無形の資本である。

従業員の教育にコストをかけず、顧客に挨拶やその他のサービスが提供できねば売上につながらない。ハンバーガーの温め方、ポテトフライの揚げ方、油を取り替える時期、そして、チラシ配りなどの広報活動が繰り返されてハンバーガーショップの無形のストックとなってゆく。こうした支出を出し惜しみ、現金を抱え込もうとすれば、現金は逃げてゆくのである。

(1) しかし、金融資産は市場価格で時価評価される。また、減損会計の導入により固定資産の価値も減価する。

(2) 06年5月に施行された会社法では従来同じ言葉として使用されてきた「株主資本」「自己資本」「純資産」が異なる内容を示すことになった。「株主資本」は資本金・資本剰余金・利益剰余金・自己株式より成り、「自己資本」は、「株主資本」にその他有価証券評価差額金・繰延ヘッジ損金・土地再評価差額金・為替換算調整勘定が加わり、この「自己資本」に新株予約権・少数株主持分を加えたものが「純資産」と定義される。

(3) ここでは資本と資産という言葉が代替的に使用されるが、その区別を意識する必要はない。

第5章　資本の果実

追加の果実（魚）を手に入れる

人里離れた山奥の生活に戻ろう。1日16時間の漁で8尾の魚を獲り、4尾の魚を蓄えて翌日はいつもと同じくフルタイム労働に従事すると仮定する。必要最低限の食生活には8尾を確保すればよいため、翌日には4尾の魚を獲ればよく、余分の時間は魚網を編む作業時間に当てられる。8時間が魚網の生産時間である。あなたがこうした行動を選択するのは、魚網の完成により小魚が多く獲れ、満腹感という幸福を味わえるためである。

魚網を使用した漁は、16時間に小魚40尾になるとしよう。魚網によってもたらされた追加の魚は32尾である。魚網がないときの漁は、あなたの労働力と自然の恩恵であった。その漁獲高は8尾であり、労働力の報酬としての賃金と自然の報酬としての地代として分配される。魚網のお蔭である32尾は、魚網という資本の果実であり、資本の利子である。

4尾の魚を貯蓄して32尾の魚を得たことになる。単純に考えると、利子率は8倍、つまり

800%になる。しかも、これは1年ではなく1日の話である。このような高利の世界は現実的でないと考えるであろう。確かに、この話にはいくつか問題がある。ひとつは魚の価値である。16時間で8尾しか収穫できなかったときの小魚1尾と40尾が収穫されたときの1尾の価値は異なっている。あなたにとって、満腹以上の小魚に価値はないであろう。保存手段を持たなければ、生ゴミでしかない。

貨幣経済であれば魚がいくらの値段で販売されるかに依存する。豊作貧乏という言葉を聴いたことがあるであろう。この例示では、1尾の価値が1／4になっているとしよう。魚網で収穫した40尾の魚は、魚網を所有する前の10尾の価値でしかない。賃金と地代の取り分を除くと資本の利子は2尾になる。利子率は50%である。

もうひとつの問題は、魚網が永続的に使用できないということである。もし魚網が1日しか使用できないとすれば、再び魚網を作るための労働時間を確保しなければならない。8時間分の小魚の価値を失っているのである。これは減価償却費である。利子の計算には収入から各種の費用を控除しなければならない。漁には、魚を獲るための餌が必要だとしよう。これは費用である。賃金や地代のほかにこうした様々な費用を控除し、そして魚網の減価償却費を差し引かねばならない。

もう少し一般的な例で説明しよう。パン工場では小麦粉を原材料にして、小麦粉をこねる機械とオーブンを使用してパンを焼く。出来上がったパンを１００円で販売すると、小麦粉の材料費30円、機械やオーブンの燃料費10円、従業員への給与30円と地代10円を支払い、最後に20円の現金が残っている。この残された現金は、機械やオーブンという資本に帰属する所得である。

しかし、機械やオーブンは、今回のパンを焼く以前に現金１０００円で購入し、１００円のパンを焼くたびに10円の価値を減らすとしよう。１００円のパンを１００回焼くと価値がなくなることになる。したがって、残された20円の価値は、10円の減価償却費と10円の利子ということになる。

通常、この利子は利益という言葉と同義に使用される。オーナーの持分を示す資本と債権者の持分になる借入金は、報酬の分配方法とその他の諸権利に相違はあるが、資本に変わりがない。一般に借入金の報酬は利息や利子という言葉を使うが、オーナーの報酬は利益という言葉を使う。また、オーナーの報酬は自己資本利子、債権者の報酬は他人資本利子と区別することもできる。減価償却費は機械やオーブンの元本回収部分に相当する。1年間に10回パンを焼くとすれば、ここでの利子率は１０００円の投資に対して１００円の利子と考え、10％と計算される。

満足の追求

さて、話を魚網に戻そう。貨幣経済における利子率が50％といっても、1日の話であった。年利で換算すると365倍になる。確かに高い利子率である。本当にこのように高い利子率が維持できるのであろうか。現在の利子率は数％でしかない。あなたが魚網を作る決心は、どのような心理状態でなされたのであろうか。8尾の小魚は限界的な生活であったが、そうした状況のなかで、さらに4尾の魚を消費せずに我慢するには高い報酬を要求するであろう。限界的な生活での消費の延期、すなわち耐忍は、それ相当の高い見返りが期待できなければならない。ここに、利子は耐忍の報酬という考え方が生まれる。迂回するに見合う価値がなければ、誰も迂回路を選択しないであろう。それは、現在財と将来財の交換比率という考え方につながる時間選好の問題である。

他方、貧しい社会で生産物が増加することは大きな満足感を得ることができる。あなたの食卓に小魚1尾が増えてもどれほどの満足増加に貢献するであろう。しかし、1日8尾の小魚しか食べることのできない空腹時には、1尾の増加は大きな喜びである。限界的な1尾の価値は、8尾から9尾の1尾の増加がもたらす価値の増分である。それは満腹な食生活となった39尾から40尾になる1尾の価値とは全く異なるのである。同じ1尾の小魚でも、限界的な価値は異なるわけである。現在の社会で魚網が作られても大きな満足増加につながらないが、道具のない社会での魚網は高い価値がある。それだからこそ、厳しい状況のなかで消費を我慢するに値すると考えたのである。

利子率の低下

ひとたび魚網が手に入るとあなたの状況は一変する。食生活の大幅な改善である。一番高い満足を得られると期待した魚網は、実際に高い満足感をもたらした。そして、その結果として次の日の貯蓄は非常に楽になった。あなたは厳しい耐忍を迫られずに消費を延期し、次の道具を作ることができる。この道具は、魚網の次に優先される道具である。それは小動物を捕獲するための罠かもしれないし、木に登るための梯子かもしれない。

これらの利子（利益と同義）は魚網よりも小さくてもよい。合理的な経済人であれば、魚網が一番高い利子をもたらし、次の道具は二番目に高い利子をもたらすものを選択する。小動物の罠が完成すると食卓には2種類の味覚が揃えられる。梯子の完成で採取された木の実は、さらに食卓を彩る。生きるために必要であった小魚に比べると満足度の低いものばかりであるが、あなたが享受する豊かさは大きくなっている。追加の満足感（限界効用）は低下してゆくが（限界効用逓減の法則）、満足の総計（総効用）は着実に増加している。合理的経済人であれば、このように高い利子を期待できる順番に道具が作られてゆく。そのたびに、貯蓄をすることは容易になり、高い利子がなくとも消費を延期するだけの余裕が生まれるのである。このプロセスは、利子（利益）率を順次低下させてゆく。

あなたがより多くの小魚を欲しているとすれば、魚網を大きくしたり、魚網の数を増やすことは魅力的な選択肢である。しかし、あなたがひとりで漁をするときに、魚網が増えても漁獲量の増加はあまり期待できないであろう。想像すれば簡単に理解できる。あなたが二刀流で網を使いこなせるとは想像できない。また、魚の生息も魚網に比例して2倍になるわけではない。あなたは一番生息していそうな場所に投網していたはずである。ということは、網を2倍にしても漁獲量は2倍にならない可能性が高い（限界生産力逓減の法則）。

それゆえ、道具を増やしても、労働力や土地が一定であれば生産物の増加は道具に比例しては増加しないかもしれないのである。むしろ、道具を追加するたびに道具のもたらす恩恵は小さくなることになる。利子率は徐々に低下する傾向を持つ。たとえ、労働力が増加し、漁業を行う場所を増やすことができるとしても、漁に適した人間から順次漁を行い、漁業資源の多い場所から漁が行われるのであれば、魚網の増加と漁獲量は比例的に増加しないであろう。もちろん、あなたの消費できる生産物は増加している。そのため、生産物全体の満足感は高まっているが、生産物の追加がもたらす満足感は徐々に小さくなるのである。満足感の低下は利子率の低下に拍車をかけることになる。

要するに、貯蓄をする人々にとって、多くの生産物が生産されることで貯蓄自体の苦労が小さくなる。他方、貯蓄を利用し、資本を形成しても、生産物の増加に伴って、その利子は小さくなってゆく。豊かな社会になればなるほど生産物が増え、貯蓄が増加し、資本が蓄積する。しかし、その資本が生み出す利子は、資本蓄積に従って低下してゆくことになる。貧しい社会では生産物も、貯蓄も資本も少ないが、利子率は高い。利子率の高さが消費を延期させる誘因となり、魅力的な道具の生産に利用されることになる。こうした行動の結果、豊かな社会になるほど利子率は低下していく。もちろん、この議論は、他の事情に変化がない場合である。

新しい貯蓄と投資で利子率が決まる

ここまでの話で理解できたと思うが、利子率は限界的な貯蓄と投資で決まる。つまり、昨日までの貯蓄は、すでに資本として生産活動に使われている。魚網がどれほど多く存在しても、今日の所得のすべてを消費してしまえば新たな資本を形成することはできない。新たな貯蓄、すなわち純貯蓄が少なければ今日の資本形成を十分に賄うことができないのである。これまでに蓄積されている資本ではなく、今日の消費が多ければ今日の貯蓄は少なくなり、新規の資本が形成できないということである。

金融資本市場では、新しい投資計画を順位づけるだけでなく、既存の資本価値と新規の資本価値の相対的な評価を行うことになる。すでに発行されている債券（株式）と新規に発行される債券（株式）の評価である。既存の企業や工場などの利益率が10％であるとしよう。1億円の債券（株式）が流通しており、この債券（株式）に対して利益が1000万円である。しかし、新しい事業には魅力的なものがなく、同じ生産設備を増強しても多くの利益を期待できない。人々は現在の消費生活に満足し、豊かな暮らしをしているのである。

こうした状況での新規投資計画は、利益率が5％しか期待できない。1億円を新規に調達して実施される投資計画は500万円の利益を期待していることになる。新規の資本需要者と資本供給者は、この利益率に納得しているのである。純貯蓄を形成する資本提供者は5％で満足しているからこそ貯蓄するのであり、資本需要者は5％の利益率の投資計画を実施することになる。

このとき、既存の債券（株式）が10％の利回りで、新規の債券（株式）が5％であるとすれば、誰もが既存の債券（株式）を購入し、新規に発行される債券（株式）を購入する人はいないであろう。どちらの債券（株式）も金融資本市場で購入できるからである。その結果、既存債券（株式）の価格が上昇する。1億円の債券（株式）価格は、2億円まで上昇する。2億円に対して1000万円の利益を稼ぐため、利子率は新規の債券（株式）利回りと同じく5％に下落することになる。

反対に、消費が増加し、貯蓄が少なくなるとしよう。20％の投資機会でないと資本が供給されないとしよう。20％の利益率をもたらす投資計画は多くはない。しかし、この少ない資本の需給が市場の利子率を決める。既存の債券（株式）を売却し、新たに発行される債券（株式）を購入する。発行済みの債券（株式）の価格は下落し、利回りが上昇する。1000万円の利益を稼ぐ1億円の債券（株式）価格が5000万円まで下落することで利回りは20％に上昇する。

総生産物に占める消費割合の高い社会は、貯蓄が相対的に少なくなる社会である。高齢化し、貯蓄を取り崩す社会は、生産人口の減少の結果である。貯蓄の取り崩しは、利子率の上昇をもたらすであろう。

現時点における現在財と将来財の交換が利子率を決定するのであり、過去の交換ではない。資本家が新たな貯蓄を行い、投資がなされると、将来の財を生産するために労働者が雇用され、その所得と消費が増加する。投資は労働者の所得となるが、資本家は、その生産物の分け前を利子として得ることになる。他方、資本の需要者である企業は、現在の資産と将来の資産の比較、すなわち、新規事業と既存事業の相対評価を行う。現在の資産は、現在の企業の競争状況（利益率）を知ることであり、現在の雇用関係が問題となる。将来の資産は、新しい事業の利益率を予測することであり、新しい雇用関係を生むことにつながるのである。

イノベーションと利子率

利子率の低下はどこまで続くのであろうか。魚網はいくつもいらない。罠も、木登り用の梯子も多くは必要ない。罠を増やして小動物を捕えても、梯子をたくさん作って木の実を山盛りとっても、満足しなければ意味がない。要らない道具を作るであろうか。そのような合理性のない行動は選択しない。意味のない道具を作るよりは休日を楽しむであろう。資本が増えれば休日も増える。あるいは生物的に生きるための知識・技術ではなく、人生を楽しむための知識・技術を形成する。

資本を増やすのは、資本を利用することで生産物が増加し、あなたの満足感を高めるからである。一般的には売れる製品を作るからである。売れない製品を作るために工場に機械を導入するとしたら、経営者は合理的ではない。つまり、利子がゼロ以上でなければ資本形成はしない。少なくとも、そのように期待されない限り、貯蓄を利用しようとは考えないであろう。しかし、資本蓄積が進むに従い、利子率が低下するとなれば、利子率はゼロに近づき、経営者は投資をしなくなるのであろうか。

一旦下がった利子率は、高くなることがないのであろうか。毎日の生産物のなかから貯蓄の大きさを決めるが、魅力的な財・サービスがなければ道具を作る意欲はない。消費を増やし、余暇も大きな選択肢になる。回り道をする必要がなくなると考えるであろう。しかし、魅力的なモノを発見したらどうであろうか。あなたは小魚も小動物も木の実も豊富に手に入れることができた。ある日、地中にサツマイモを発見した。手で掘ることも可能であるが、鍬を作ることでサツマイモは簡単に掘れることがわかる。あなたは、鍬を作りたくなり、昨日までの余暇を削り、鍬作りに専念することになる。新たな生産物の発見で道具の価値が高まったのである。

ラジオしかない社会では、ラジオは一家に1台もしくは1部屋に1台あれば十分である。ラジオ工場は、各家庭にラジオが普及した後は必要性が低下する。取り換え需要のために生産するのみだからである。しかし、テレビが登場すると、人々は新たに貯蓄をしてテレビを欲する。テレビの生産工場が増えることは利子率の上昇を意味する。新製品や新技術、その他のイノベーションにより、利子率は上昇に転じるのである。新製品も新技術も、そしてありとあらゆるイノベーションが新たな知恵と知識の結晶である。それゆえ、新たな知恵や知識が生まれないと利子率は上昇に転じないと考えられる。

貨幣利子率

貨幣経済での利子率は、企業の貨幣需要と家計の貨幣供給により決定する。企業が新たな投資計画を持つとそのために貨幣資本を調達しなければならない。魅力的な投資計画は利益の大きな計画である。繰り返すが、利子は資本の報酬であり、その原資は家計の貯蓄である。企業に出資した資本も融資された借入金も同じく貯蓄を原資としている。企業は利益（利子）の大きな計画から実施してゆく。収入から費用を控除した後に残る資本の報酬が大きければ魅力的である。

しかしながら、その計画は利益がプラスである限り実施されるのであろうか。残念ながら、プラスの利益が期待される投資計画のすべてを実施できるとは限らない。資本は希少な資源なのである。この意味が理解できるであろうか。すでに学んだように、資本は貯蓄がなければ形成できない。つまり、貯蓄が有限である以上、投資計画を際限なく実施することはできないのである。家計が貯蓄できないということは、企業は投資に必要な貨幣を調達できないということである。

言い方を換えると、家計が5％の利子率を要求するような状況では、企業は5％の利益率を下回る投資計画は実施できないということである。もちろん、家計は自由に利子率を決定できるわけではない。あなたが10％を要求しても、その他大勢の人が5％で十分であるというのであれば、あなたの貯蓄を利用しようとする企業はない。また、すべての家計が10％の利子率を要求しようとしても、企業に10％に相当する魅力的な投資計画がなければ実現できない。結局、貨幣の需要と供給により貨幣利子率が決まるのである。

豊かな社会では生産物があふれ、貨幣所得は多い。家計は多くの貨幣所得のなかからたくさんの消費を行うが、それでも十分な貯蓄が可能である。多額の貯蓄が銀行や証券会社を通じて企業に提供されようと準備される。他方、企業も多くの生産物を生産しており、これ以上の生産物の増加が消費の増加につながらないことを知っている。

工場は多くの製品を生産し、家計はその製品を満足できる水準まで購入している。自動車も、テレビも、洗濯機も、掃除機もエアコンも、各家庭に普及しており、不足しているものがない。そのような状況では、企業は新たな工場を建設しようとはしない。人々がモノ不足を感じない限り、企業は投資計画を立案しないであろう。貨幣は多く供給されるが、これを需要する企業は多くない。そのため、貨幣利子率は低下する。貨幣利子率は貨幣の価格なのである。豊かな社会では、貨幣は安く、貧しい社会では貨幣が高くなる。

利子率の低下は、以前は採用されなかった利益率の低い投資計画を実施させることになる。新たな工場が建設され、新店舗が開店する。しかし、市場のパイは大きくなったわけではない。モノはあふれており、顧客が大きく増えなければ、企業の儲けは多くならない。利子率は低下の一途を辿ることになる。価格競争が激化し、リストラが企業の盛衰を決めることになる。限られたパイをめぐり、その分け前を取り合うことになる。新しいパイを作らなければ企業の利益率は高まらないことになる。先に述べたイノベーションが必要であり、新製品、新サービスの登場を期待するのである。新しい知識と技術の渇望である。

すでに述べたように、利子率は限界的な貯蓄と投資で決まる。貨幣利子率は、今日の貨幣需要と貨幣供給で決まるのである。昨日までの貨幣供給がどれほど多く存在しても、今日の貨幣供給が少なければ今日の貨幣需要を賄うことはできない。昨日の利子率が5%であったとしても、今日の利子率が5%であるという保証はない。

魅力的な商品が登場し、家計の消費が増加すれば銀行預金や株や社債などの証券購入が減少する。企業が新技術を開発し、投資需要が急増するなどの事態が起これば貨幣需要は増加する。小さなイノベーションは毎日のように起こっている。天変地異が起これば、生産能力が著しく低下し、貯蓄が困難になろう。これまでの資本も破壊され、新たに形成しなければならない。利子率は突如として高騰する可能性がある。要するに、利子率は、時々刻々と変化するのである。

決算の利益

一般に利益というと企業の決算で作成される財務諸表上の当期純利益である。会計情報は、貸借対照表の純資産が増加して利益が計上される。損益計算書では収益が費用を上回ると利益がもたらされる。利益が自己資本（純資産）の果実であるとすると、財務諸表で計算された利益は、貯蓄をしたあなたに対して、どのような果実をもたらしているのであろうか。

3日間のお祭りに屋台を出すことにした。あなたは貯金を3万円下ろして、これを元手に焼きそば屋を開店するとしよう。もちろん、あなたは出資者であるとともに焼きそば屋を管理する経営者であり、そして同時に労働力の担い手である。鉄板やガスボンベなどをレンタルすることとし、麺やソース、割り箸や紙皿を用意して3日間の営業を開始した。お祭りが終わり、あなたの手元には現金が7万円残ったとしよう。3日間の経営報酬や労働力の賃金は合計で3万円と考えれば、残る4万円が出資者の取り分である。3万円を出資しているため、報酬としての利益は1万円である。

こうした有限期間を想定すると利益を算定することは容易に思える。しかし、いかに有限期間であっても、途中経過を観察してみよう。焼きそば屋を開店する時点では、現金の支出がある。レンタル料が前払いであれば、この時点で支払いが先行する。麺やソース、紙皿も支払いが先である。焼きそばを販売してから支払うという後払いは、個人的な信用がなければ難しい。3日間の焼きそば屋には信用がない。この準備段階では、明らかに赤字である。つまり、収入＜支出の関係にある。ここで終われば損失が計上される。

営業を開始すると焼きそばが売れ始めた。現金商売であるから、収入が増加をし始める。1日目の終わりに2万円の現金が残っている。しかし、残されているのは現金のみではない。この日の夕方に買い足した麺や紙皿、割り箸なども残されている。これらは明日の焼きそばの材料であり、売上を期待して追加購入したものである。1日目の終わりの利益はいくらであろうか。あなたの賃金報酬などを支払っていないので、これを控除する必要がある。1日1万円の人件費と仮定すれば、残される現金は1万円である。これが利益であろうか。しかし、材料を買い増ししなければ3万円が残っていたとしよう。あなたは利益をいくらと計算するであろうか。

2日目は、お祭りも賑わい、商売繁盛である。仕入れた材料が午前中でなくなり、途中で買い出しをしなければならなくなった。昨日、余計に準備しておけば、麺や紙皿を購入する時間にも焼きそばを販売できる。あなたは顧客を逃がしたことを後悔している。それでも、2日目の閉店時には現金が6万円あった。途中に買い増しした材料などは支払い済みである。大変な儲けである。あなたは前日のことを後悔して、祭りの最後の日のために3万円を材料購入に当てた。手元に残る現金は3万円であるが、材料購入の3万円は明日の利益に結びつく。あなたは現金3万円よりも価値があると判断したからこそ明日の材料を購入したはずである。控え目に考えても、あなたにとって材料の3万円と現金の3万円は等しい価値である。あなたは2日目の利益をいくらに計算するであろう。

さて、祭りの最終日となった。しかし、あいにくの天気である。大雨に祟られ、売上は散々であった。昨日買いだめしておいた材料は残り、焼きそばの価格を下げて売ることにした。余れば処分するしかない。結果として、この日の売上は2万円であった。前日の材料費を回収できなかったことになる。

初日に2万円の現金、2日目に3万円、そして3日目が2万円である。最終的に3日間で現金7万円の収入が確保できた。あなたは3日目に利益を獲得したとは考えないであろう。振り返ると、あなたは1日目に利益を稼いだと確信した。そして2日目の利益を過大評価する。あるいは、ここで店じまいをしていた方がよかったかもしれない。利益の測定は難しい。

利益の測定と時間

この簡単な例示でもわかるように、利益の測定は時間の経過のなかにある。3日という短い有限の期間を想定したが、これを30年と考えてみよう。1日が10年である。決算のたびに明日を期待している。明日の焼きそばが売れることを期待しなければ、在庫の麺や皿、割り箸は無価値である。3日の営業ではすべてを費用と考えてきたが、30年になれば焼きそば屋には資産が存在している。30年後に焼きそばを売り尽くして商売を完結すると考えてみればよい。

問題の本質は何であろうか。支出が先行し、収入が後になるということである。この時間の経過に資本と利益の問題が隠されている。支出から収入までの時間が長くなると資本の概念が登場する。企業の運転資本と呼ばれるものも、固定資産への投資も、基本的には同じである。支出と収入の間に時間が存在すれば、その時間を生きるためにコストが必要になる。あなたは生きるために生活資金を確保しなければならない。支出と収入の時間差が開くことは、その生活資金額を増加させることになる。あなたが作る魚網に時間がかかればかかるほど、あなたの生活を保障するための貯蓄は多くなる。この時間差が利益（利子）の源泉である。生産活動には時間が必要であり、そこに資本が介在するのである。

近年の企業情報では、最高の利益が報告された翌年に巨額の損失を計上し、リストラを迫られる例も散見される。薄型テレビなどは1年間で30％から40％も価格が下落した。価格下落が予想を上回るスピードで進むなか、前年度に報告された最高利益は、何を意味していたのであろうか。

100億円の投資で新たな工場を建設するとしよう。工場の投資は10年間で回収する予定である。それゆえ、各年の減価償却費（残存価額はゼロと仮定）は10億円とする。初年度、新製品は予定された売上200億円を記録した。製品の原価と販売費および一般管理費（減価償却費を含む）を控除して計上された当期純利益は20億円であった。利益率20％の達成である。

100億円の貨幣資本を投資して1年後に120億円の貨幣資本を回収できたのであれば、利益20億円を手に入れたことになる。しかし、工場の操業は続いている。利益が20億円といっても、貨幣資本の形態で20億円が存在しているとは限らない。儲かる可能性が高いと考えていれば、原材料や部品の購入資金に当てているかもしれない。

翌年になると競合企業が製品を供給し始め、製品価格が下落し始めた。価格下落と競合企業の製品供給により、売上は150億円に減少してしまった。原材料や部品も思ったように使用されないまま在庫として残っている。製品コストの見直しなどを試みるが、製品原価を下げる努力には限界がある。この年は結局15億円の赤字を計上することとなる。このまま生産を継続しても、毎年の赤字は15億円が見込まれる。10億円の減価償却費が含まれるため、今後支出される現金は毎年5億円である。見込まれる赤字が正しい情報であれば、生産は今年で中止すべきである。100億円の投資をして、10年の操業を予定していたが、わずか2年で操業を停止することとなってしまった。初年度に利益が算出されたが、それは何を意味していたのであろうか。

利益は、投資した生産手段の耐用年数にわたる時間のなかで計算されなければならない。単年度に計算される利益は、大きな損失のなかの摩擦的な出来事かもしれない。魚網は、道具として使用できなくなるまでの使用期間中にわたる漁獲量を考えなければならない。

他方、投資をしたものの、赤字続きの事業があるとしよう。しかし、誰もがその赤字を憂慮しないことがある。赤字が織り込み済みの場合である。会計上の決算は、四半期ごと、あるいは半年ないし1年ごとに行われる。しかし、生産期間はカレンダーの期間と対応しない。営業活動が3年かかる仕事であれば3年間は赤字が続く。プログラムの開発に1年間かかる事業は、1年後から営業を開始する。光ファイバーの工事を無料にすることで市場シェアを握ろうとする場合、工事期間中は赤字続きであるが、光ファイバーが敷設されれば料金収入だけが入る。出資した株主は、工事期間中の赤字を嘆くであろうか。あるいは、自らの資本の持分が減少していると感じるであろうか。

資本家の持分が増加するか否かは、将来にわたる貨幣資本の回収可能性を期待しているのである。これまで多くの貨幣を稼いでいても、明日から貨幣を稼がないことがわかれば資本の価値はない。魚網は、多くの魚を捕獲してきたものであっても、明日からの漁で使えなければ価値はない。資本の持分はゼロになる。資本の持分を予想しながらでなければ利益を測定することはできないのである。

人的資本の利子

人々が所有する知的なストックは、現物出資的な意味が含まれているということはすでに説明した。このストックの利子部分は、利子という名目で議論されることもないし、そのような名称で支払われる報酬でもない。実際には、経営者の報酬や従業員の給与として支払われることになる。

ところで、知識や技術のストックを有しない人材はありえない。デスクワークのほとんどは、文字を読み、文字を書き、計算し、注文書や請求書、企画書などを作成する。彼・彼女らの仕事は、時に高等教育が必要であり、その知識や技術の蓄積を前提としている。ということは、彼・彼女らの給与は、ほとんどが利子としての性格になるのであろうか。

人的資本の拠出に対する利子も、有形の機械や工場、店舗などの資本と同じように変化する。貯蓄を投資に活かしている場合でも、利子を生まないことがある。魚を欲しない社会では魚網の価値はなく、利子は生まない。高度な大型機械を導入しても、最新鋭のロボットを導入しても、競合企業が同じような機械や設備を所有すると競争優位にはならない。企業の利益は低下し、過剰設備があれば利益はゼロ以下にもなる。利子が稼げないのである。

特定の知識や技術のストックが高い価値を持ち、利子を生むのは、その知識や技術のストックが追加の収入をもたらすためである。誰もが優秀で、誰もが識字能力が高い社会では、その能力が追加の収入を生み出すことはない。同じ分野に関する知識や技術を有する人材が増えれば、失業する可能性も高まる。その知識の習得にいかなるコストが費やされたとしても、過剰設備と同じく報酬を稼ぐことはできない。労働市場が流動的であれば、知識が篩《ふるい》にかけられ、平均的な給与が成立する。これを上回るときに、過去の迂回的な知識・技術のストック形成が価値を持つことになる。

競争とは、そういう意味で利子の大きさを決めているのである。規制や独占的環境がない場合に経営者の報酬や従業員の給与が相対的に高いとすれば、それは人的資本の利子部分と考えるべきであろう。

第6章　時間価値と知識

価値と希少性

所得、消費、貯蓄、利子、利益、さらには迂回生産や知識、知恵、技術と様々な言葉が登場した。しかし、いずれの問題も資本という概念に関連している。資本という概念の多面性と深さが理解できる。この章では、前章の利子および利子率の議論を資本の価値評価の視点から考察することとしよう。

あなたが所有する魚網の価値はどのくらいであろうか。そもそも価値という言葉は難しい。何を指すのであろうか。あなたにとっては魚網が愛着のある道具であり、漁に行かなくなっても記念品として大事な宝物もしくは装飾品になっているとしよう。あなたの半生を振り返るとき、魚網を用いた労働が人生そのものであったと考えている。あなたにとって魚網は大きな価値を持つであろう。他方、日常の生活で頻繁に使われている台所のまな板や包丁には興味がなく、価値を見いださないかもしれない。

使用価値の少ない宝石や貴金属と使用価値の大きな水や空気の例は良く使われる。装飾品にしか使われず、あなたの生命に無関係でも、ルビーの指輪はコップ1杯の水よりも価値があると思われる。ルビーと同じような色や輝きを持つガラス玉やプラスチックもルビーとは比較できない。しかし、それも条件次第である。ルビーが石ころのように転がっている世界を考えてみよう。石ころに興味を持つ人はいない。ガラスやプラスチックの方が価値を持つかもしれない。砂漠の真ん中で水が必要なときにはルビーと交換してでも水を欲する。

あなたは過去の満足感ではなく、現在以降の満足感を考えている。昨日までは、水は豊富に飲むことができた。しかし、いまは水が生きるために必要とされている。過去ではなく、いま現在を基準にして、その希少性から価値を決めているのである。希少性とは、あなたにとっての希少性である。あなたが欲しないものは希少ではない。

あなたの魚網に対する愛着も、急にノスタルジックな思い出に耽る気持ちが失せるかもしれない。家を新築した途端に、過去を清算したいという気持ちになり、魚網を所有することに満足感を抱かなくなる可能性もある。つまり、あなたは、過去ではなく、現在から将来に向けて価値を評価しているのである。過去のルビーがどれほど希少な珍品であっても、今日からは石ころほど簡単に手に入る状況になれば、満足感が激減し、大事な装飾品と考えなくなるのと同じである。この価値は、経済学では需要と供給で説明される。

資本の評価も同じである。先に説明したように、これまで多くの貨幣を稼いでいた資本も、明日から貨幣を稼がないことがわかれば資本に価値はない。魚網は、多くの魚を捕獲してきたものであっても、明日からの漁で使えなければ価値はない。もちろん、装飾品としての魚網や記念品としての魚網に価値を見いだしても、資本としての価値ではない。

将来が現在の価値を決める

資本の価値評価について結論を出そう。資本は利子（利益）を獲得するものであった。資本は、将来の利子に依存して価値を評価される。たくさんの利子を稼ぐ資本は、これを所有する持ち主の満足感を高めるであろう。魚網を使用することで、素手で漁をするときよりも漁獲量が減るようでは魚網の価値はない。シャベルを使うより素手で穴を掘る方が効率的であればシャベルの価値はない。機械化して、生産量が減り、収入が減額となるような機械は購入する人がいない。

このことは次のような興味深い言い回しに転換される。資本が利子を生むものであるならば、利子を生まないものは資本ではない。利子を生むものが資本である。つまり、親から子を説明するのではなく、子から親を定義することになる。利子を生み出すものは、それがどのようなものでも資本として認識され、評価されることになる。

利子は将来にわたり稼ぎ出すものでなければならない。過去に利子を稼いでも、将来に利子を稼がなければ資本ではない。漁ができなくなった魚網には価値がない。魚を獲ることができるからこそ資本なのである。もちろん、多くの魚が獲れ、豊かな暮らしができると期待されれば魚網の価値は高くなる。将来にわたり多くの利子を稼ぐことができれば資本の価値は高くなるのである。現在、資本の価値が高いのは、過去に稼いだ利子や利益の大きさではなく、これから稼ぐ利子や利益の大きさによって評価されているのである。

あなたは立ち食いそば屋と、豪華なシャンデリアや高級調度家具等の贅を尽くした瀟洒な建物のレストランを比較している。立ち食いそば屋は厨房等の備品類を含めて物的な資産の価値は皆無に等しい。これらを売却しようとしても二束三文であるが、そばの人気は高く、行列ができる店である。他方、瀟洒なレストランの物的資産は目を見張るものがあり、多額の投資をした。しかし、人里離れた場所で営業しているためか、ほとんどお客が来ることはない。

あなたはいずれのオーナーになることを希望するであろうか。考えるまでもない。手元に残る現金、すなわち、キャッシュ・フローが期待できないレストランは、あなただけでなく、誰にとっても魅力がない。そば屋は物的な資産価値はないが、これから先にキャッシュ・フローを生み出すことが期待されている。貨幣経済では、利子はキャッシュ・フローで評価される。見た目とは異なり、そば屋のオーナーになろうとする人は多いはずである。

キャッシュ・フロー経営の真髄は、将来のキャッシュ・フローを稼ぐ経営で資本の価値を高めることにある。

同じ利子であれば、将来の長きにわたって稼ぐ方が価値は高い。同じ期間しか利子を稼がないのであれば、各期の利子が大きいほど価値が高い。要するに、将来のキャッシュ・フローの大きさを現在の価値に還元したものが資本として認識され評価されるということになる。これが現在価値計算である。

タイム・イズ・マネーという言葉がある。時間が経過するということは、生産活動が行われ、貨幣収入をもたらすことになる。現在より将来の生産物は質も高く、生産量も増加する。社会の生産物の価値総額は高まるのである。貯蓄された貨幣資本が、生産活動に投じられなければ無価値になってしまう。あなたにとって余分な魚は生ゴミにしかならないが、この魚を欲している人を探すことが必要である。あなたが魚網を編まなくとも、誰かが魚網を作れば魚が増え、社会は利子を獲得できる。

他方、生産活動は、資源を費消する。生産活動に時間がかかればかかるほど、生産に従事する人々の所得を稼がねばならない。生産期間の経過後に収入（売上）を獲得し、生産活動に投入した資源に報酬（費用）を支払わねばならない。賃金、地代、利子（利潤）である。資本の投入後に、生産が開始され、賃金と地代などのあらゆる生産要素への支払い後に資本の果実である利子を残さねばならない。

要するに、時間の経過は、利子を生み出さねばならない。あなたが時間を浪費しても、誰かが時間を生産活動に使っている。その結果、市場で利子率が成立する。利子率が10％であれば、投資した1000万円は1年後に利益と元本を合わせて1100万円になる。生産活動の成果である。1年後の1100万円が再び10％の利子率で利益を稼ぐことができれば2年後に1210万円になる。2年後の1210万円は3年後に1331万円になる。

1000万＋1000万×0.1＝1100万 ↕ 1000万 (1＋0.1) ＝1100万 (11)

1100万＋1100万×0.1＝1210万 ↕ 1000万 (1＋0.1)^2＝1210万 (12)

1210万＋1210万×0.1＝1331万 ↕ 1000万 (1＋0.1)^3＝1331万 (13)

利子率が10％ということは、現在1000万円を投資すると3年間の生産活動によって1331万円に価値を増加させることになる。複利計算である。銀行預金の金利が10％のとき、1000万円が3年後に1331万円になるのは、銀行が紙幣を増刷しているわけではない。銀行が貸出した紙幣が生産活動に投下され、331万円の利子(利益)を稼いでいるのである。あなたが稼がなくとも、稼げる人が稼いでくれているのである。

そうなると、1年後の1100万円は現在いくらであろうか。この現在価値の計算は簡単である。答えは1000万円である。2年後の1210万円の現在価値も1000万円、3年後の1331万円も現在価値は1000万円である。(11)(12)(13)式を逆に計算し、次のように現在の1000万円を求める式にすればよい。

$$\frac{1100万}{(1+0.1)}=1000万 \quad (14)$$

$$\frac{1210万}{(1+0.1)^2}=1000万 \quad (15)$$

$$\frac{1331万}{(1+0.1)^3}=1000万 \quad (16)$$

利子率が5%のときには、分母の0・1を0・05にすればよい。練習問題をするほどでもないが、念のために5年後の500万円の現在価値を計算してみよう。金利が2%のときと金利が10%のときでは、どの程度の違いが出てくるであろうか。次の計算結果を求めることになる。

$$\frac{500万}{(1+0.02)^5}=約453万 \qquad \frac{500万}{(1+0.1)^5}=約310万$$

利子率が低い方が現在価値は大きく、利子率が高いと現在価値が小さくなる。その理由は、次の節で明らかにする。ここでは複利計算の復習に専念しよう。しかし、計算が苦手な人は、時間と利子の関係を理解して欲しい。確認すべきことは、時間が経過すれば利子が生まれる。この利子の大きさが現在の資本価値を決めるのであれば、将来の利子を現在の価値に還元（割引）しなければならない。将来のキャッシュ・フローを割り引いた値が現在価値計算であり、資本価値の計算なのである。

ところで、魚網は5年後に漁をして、そのときだけキャッシュが入るわけではない。5年後の500万円を現在の価値にするだけでなく、資本が稼ぎ出す毎年のキャッシュ・フローを現在価値にしなければならない。魚網は、これを使う期間中、毎日のように漁をし、キャッシュ・フローを稼ぎ続けている。毎月あるいは毎日の時間価値を計算することもできるが、ここでは年々のキャッシュ・フローを考えよう。5年間にわたり、毎年500万円ずつのキャッシュ・フローを稼ぐとしよう。魚網は5年間しか使えないものとする。金利が2%であれば、魚網の価値は以下のように計算される。

$$\frac{500万}{(1+0.02)^1}+\frac{500万}{(1+0.02)^2}+\frac{500万}{(1+0.02)^3}+\frac{500万}{(1+0.02)^4}+\frac{500万}{(1+0.02)^5}=（漁網の価値）\quad (17)$$

左辺の最初の項は、1年後の500万円の現在価値、第2項は2年目の500万円の現在価値、そして、魚網が5年間にわたり毎年500万円を稼ぐので、それぞれの現在価値を計算し、各現在価値を合計することで魚網の価値が求められる。その価値は約2357万円になる。もし魚網が永久に使用可能であり、毎年のキャッシュ・フローが500万円であれば、魚網の価値は次のように簡単な計算になる。[1]

$$\frac{500万}{(0.02)}=2億5000万 \qquad (18)$$

利子率が5％に上昇すると500万円を0・05で除し、1億円の価値に減額する。将来のキャッシュ・フローと利子率との関係を理解するには便利な式である。分子の500万円が100万円になればいくらになるであろうか。利子率が2％であれば5000万円、5％であれば2000万円である。もちろん、分子が0になれば魚網の価値はゼロである。特別に高価な素材を使い、一流の職人が作成した魚網も、キャッシュ・フローを稼がなければ価値がない。

相対的な価値

なるべく多くのキャッシュ・フローを稼ぐことで資本の価値は増加する。私有財産制度では、自らの財産価値を高めるために将来キャッシュ・フローを増加させる努力が必要になる。市場利子率が5％のとき、企業は5％の将来キャッシュ・フローを稼がねばならないし、稼ぐことが期待されている。

しかし、5％の期待とは簡単なことではない。競争が行われているからである。それぞれが工夫をし、魅力的な製品やサービスを開発し、同時に価格を下げる努力をしている。こうしたなかで5％の利益を稼がねばならないのである。競争相手が価格を下げることのできる仕組みや合理化に成功すれば、あなたの企業の競争力は相対的に低下する。技術開発を怠れば競争に敗れ、不祥事を起こせば、他社が優位になる。売上は日々変化し、コストも日々増減している。それゆえ、利益は日々変化する。要するに、資本価値は日々変動する。

あなたは2％の利益率でキャッシュ・フローを生み出す機会をどのように考えるであろうか。利益がプラスである限り、投資するであろうか。1000万円が1年後に1050万円になる市場機会が存在している。このとき1000万円を1020万円にする投資機会に資金を投じるということは資本価値を毀損することになる。なぜであろうか。先の現在価値を思い出そう。1年後の1020万円の現在価値はいくらであろうか。1020万円を5％で割引くと約971万4000円の現在価値になる。あなたが投資しようとしている貨幣資本1000万円は2%の投資機会を選択することで約971万4000円に減価するのである。約28万6000円の資本価値の損失である。他方、8%の投資機会を見つけることができれば、1000万円は1年後に1080万円になるはずである。この1年後のキャッシュ・フロー1080万円の現在価値は約1028万6000円である。約28万6000円の資本価値の増加である。あなたの現在の私有財産は増加したことになる。

私たちの企業競争は、将来のキャッシュ・フローを増加させることで資本価値を増加させ、利益を大きくしているのである。市場では様々な競争が繰り広げられることになる。それは、資源の獲得競争であり、私有財産を増やすことが期待される事業に資本が投下される。低い利益率が期待される投資機会は敬遠され、高い利益率が期待される投資機会にキャッシュが投じられる。資本の投下とは、工場や店舗の建設などを意味し、そこに従業員が雇用され、原材料や部品、商品が集められる。資本が流れるところに様々な資源が集められるのである。この競争は、同一産業内のみならず、異なる産業間でも行われる。第一次産業の利益率が低下すれば第二次産業に資本が移動し、第二次産業が成熟し、利益率が低下し始めると第三次産業に資本が流れることになる。

市場利子率は、高くなったり低くなったりする。これは、先に論じたように新規の貯蓄と投資の関係で決まる利子率である。市場利子率の上昇は、旧来の資本価値が低下し、新規の資本価値が上昇する。5％の市場利子率が8％に上昇する状況は、新規の事業が多くのキャッシュ・フローを稼ぐために、従来の資本価値が相対的に低下することになるのである。

魚網の価値で考えよう。生産技術が向上し、より効率的な魚網が作られたらどうであろうか。古い魚網の価値は低下し、新しい魚網の価値が上昇する。新しい魚網は多くの魚を短時間で捕獲するため利益率が高いのである。また、魚以外の食べ物を発見し、満足の対象が変化したとしよう。新しい食べ物の需要が高まり、魚の需要が減少しても同じである。新たな食べ物を得るための道具に関心が向けられ、その道具の価値が高まる。他方、魚網の価値は低下し、魚網を所有する資本家の利益は減少する。

反対に、市場利子率が低下するということは新たな投資機会の利益率が低下し、旧来の資本価値が増加することを意味する。市場利子率が5％から2％に低下するということは、従来の企業が稼ぐキャッシュ・フローが同一の値のままであれば、その資本価値を増加させる。新規の魅力的投資計画がないとしよう。純貯蓄を利用した新規投資機会が平均して2％であれば、5％の既存企業の資本価値は高くなる。1億円を投下して、毎年永続的に500万円のキャッシュ・フローをもたらす既存企業の資本価値は、市場利子率が2％に低下したことで2億5000万円に増加することとなる。

ただし、既存企業が稼ぐキャッシュ・フローに変化がない場合である。もし同じ産業に資本が流入し、シェアを分け合う場合は別である。既存企業の稼ぐキャッシュ・フローも減少し、2%の利益率まで低下するであろう。魚網を編んでも、魚に対する欲求は増加しない状況を考えてみよう。魚網の増加で魚は豊富に手に入るが、新たな魚の価値が高まらないため、新しい魚網の価値は増加しない。しかも、この場合には古い魚網の価値も低下する。

(17)式の分子と分母の数値が変わることの意味を考えよう。分子のキャッシュ・フローは、現在の企業間競争である。より多くのキャッシュ・フローを稼ぐ市場競争を展開しなければならない。分母の割引率は、現在と将来、新旧の競争関係を反映する市場の利子率が基礎にある。

資本利益率と知識の流れ

資本は知識と技術の塊であり、知識と技術が将来のキャッシュ・フローを創造する。本章の最後に、資本利益率と知識・技術の関係を考察しておこう。将来キャッシュ・フローの期待という利潤動機が知識・技術を育成し、資本価値を高めるのである。

さて、最先端の知識を有する企業も、競争企業の知識と同じであれば価値を高められない。競争企業をわずかでも追い越せる知識を有しなければならない。他方、旧来の知識であり、誰でもが当たり前の知識と思えるほどの陳腐化した知識であっても、競争企業をわずかでも超える知識を持っていれば勝ち残れる。最先端の知識を持ち、多くの優秀な人材を抱える企業よりも高い価値を持つ企業になる。相対的価値が高まる理由は、その企業の知識・技術が一歩でも半歩でも抜きん出ることを意味し、その価値の低下は知識・技術が遅れをとることを意味する。この遅れは将来のキャッシュ・フローを稼げなくなるということである。

市場競争は、産業内の知識を平準化する機能を持っている。いずれかの産業に有能な頭脳が集結しても、勝ち残る企業は少数である。知識があふれればこぼれ落ち、多くの企業は別の道を選択しなければならなくなる。他方、ありふれた技術や知識を持つ企業でも、競争に勝ち残ることができれば、新たな技術や知識を創造する資本と人材を集結することができる。

資本は利益率の低いところから高いところに流れる。これが資源配分機能であることはすでに述べた。5％の利益率を稼ぐ衣料の生産より6％の利益率をもたらす食品を生産することが好まれる。衣料の生産量が少なくなり、食品の生産量が増加する。衣料の減少は、衣料の価格を上昇させ、儲けが膨らみ始める。他方、食品の増加は、食品の価格競争を激しいものにし、儲けを減らし始める。このプロセスは、売上高の増減と資本の参入・退出を通じて、利益率が等しくなるところまで続く。衣料の売上は減少し、衣料を生産する企業数が減少し、その資産規模が縮小する。食品の売上が増加し、企業数や資産規模が増加する。

利益率の高い食品企業は資産規模のみならず、従業員数も増加する。近代的設備も導入され、また、多くの取引先企業や顧客を持つ。他方、衣料を生産する企業の数は減少し、衣料を生産する企業の規模が縮小する。設備は陳腐化し、従業員数も減り、商品数や取引先企業数、顧客が減少する。高い利益率の事業が徐々に利益率を低下させ、低い事業は利益率を高めてゆく。このプロセスは、産業内の知識・技術の平準化プロセスをもたらす一方で、産業間の知識・技術の格差をもたらす。

高い利益率の事業が成長するプロセスを考えよう。成長過程の産業は企業の数が増加する過程で、資源の奪い合いが始まる。競争が激化し、他社との差別化や競争優位を確立するために特定分野における技術や知識が高度化し、その分野の能力ある求人が増えることになる。企業内の組織も同じである。魅力的な事業領域の組織が拡大し、人が集まり始める。

パソコンが誕生し、ハード面での開発競争が激化する。同時に、プログラマーの需要も増加する。成長が期待され、成功した企業は高い利益率を実現する。相対的に多くの企業が高い利益率を実現するものの、競争も激しくなる。パソコンの製造コストが低下する一方で、情報処理能力などの質的側面も向上し続ける。パソコンを動かす基本ソフトやゲーム、表計算ソフトなど多様なソフトの開発が行われる。多くの人がパソコンのハードとソフトの仕事に従事することになる。

専門領域の人材は徐々に増え、産業が成長し、成熟するに従い、教育機関を含めた人材育成が要請される。大学や大学院といった高等教育機関で専門的な教育が行われるようになる。コンピュータに関するハードとソフトの知識が求められ、優秀な人材が引っ張りだこになる。産業内の人材は知識・技術の水準が高度化し、平準化した能力を持つ。

企業は、高い給与を支払わないと人を雇用できなくなる。このプロセスで人件費が上昇し、企業の利益を圧迫し始める。高度な専門的技術や知識を有する人材は増えるが、それが利益には貢献しなくなる。競争企業が同じように専門的な知識・技術を結集することに努力するが、競争の激化は利益率を低下させることになる。新たな雇用が企業利益を増加させない状況になると、いかに専門的な知識や技術を有していても仕事に就けなくなる。給与水準も上昇しない。人々は仕事になる知識・技術を求め始める。

反対に、利益率の低下は知識や技術を失わせる。ワープロの普及で和文タイプが作られなくなった。その技術やタイピストは現在必要とされない。音楽を楽しむレコードがCDやDVD、ハードディスク、メモリーなどの多様な記憶媒体に記憶され、インターネットを通じてダウンロードして聴くようになる。レコードを聴くための針は作られなくなり、そのための知識や技術は伝承されることもなくなる。現代では、和文タイプを製造する企業は存在しないのかもしれない。斜陽化する産業は、市場の売上が低下するなかで人々が事業から離れてゆき、工場が閉鎖され、生産設備が廃棄される。その製造や販売で培われた知識や技術が失われてゆく。利益やその他の生産要素への支払額が低下し、産業間の利益率は均等化されてゆく一方で、産業間の知識・技術に格差が生まれる。斜陽化した産業には、優秀な人材が集まらなくなり、その知識や技術を教育する機関も少なくなる。

しかしながら、斜陽化したように見える産業もよみがえる。90年代には多くの金融機関が店舗を閉鎖し、リストラを敢行した。そのプロセスでは、優秀な人材が金融機関から離れた。新卒の就職希望も少なくなり、優秀な人材が別の産業に就職していった。しかし、2000年代半ばになると、銀行や証券会社が最高益を上げるようになる。知識と技術が再び金融機関に集まり始めた。

また、単純な仕事でも利益率の上昇は知識や技術を発展させる。不用品の回収などの仕事が脚光を浴びる。最初は特別な知識も必要なく、単純な作業を遂行するための労働力確保が課題であったかもしれない。しかし、儲かる事業であることがわかると、リサイクルに関する専門的な知識が育成される。競争が始まり、効率的なリサイクルのための仕組みが工夫される。不用品の回収方法や回収品のリサイクル技術、それに再販売方法などが成否の鍵を握ることになる。もはや単純な仕事ではなく、競争優位を確保するための経営ノウハウが必要になる。

成長し、組織の規模が拡大するにつれて、専門的な知識を束ねる人材が必要になる。管理業務である。知識を伝達する方法も変化する。組織を変えねば知識の伝達が円滑に行われなくなる。経営の専門家が要請され、これまでとは異なる知識・技術を確保しなければならなくなる。コストは再び上昇する。知識の伝達に関する取引コストである。組織の拡大による知識の伝達と市場取引による知識の伝達が秤にかけられる。

新しい成長分野は技術や知識を持つ人材が少ない。多少の知識・技術の差が利益の大きな差異となる。しかし、企業のブランドや企業の活動範囲が狭いため、人材の確保が難しい。知識・技術を持つものは集まらないが、人件費は安く、利益の成長と利益率の向上には貢献する。利益が確保され、成長が始まると徐々に優秀な人材が集まり始め、知識の結晶体としての組織が形成されるのである。

（1）初項500／（1＋0・02）、公比1／（1＋0・02）の無限等比級数の和を求める。

第7章　虚構と資本価値

不確実性という虚構

資本の価値は、将来のキャッシュ・フローの現在価値である。しかし、将来を正確に予測できる人はいない。私たちの予想キャッシュ・フローは期待でしかないのである。キャッシュ・フローの期待がなければ投資は始まらない。魚網を編むのは、魚を獲る期待に基づいている。工場を建設するのは、工場の操業による利益を期待している。

すなわち、期待がビジネスの始まりであり、期待がなければ仕事は生まれない。過小な期待は経済を萎縮させ、過大な期待はバブルを生む。あなたがビジネスを始めようと思うのは、儲かりそうだと期待するからである。損を覚悟で事業を始めるが、損を期待した事業は開始しないであろう。覚悟と期待は異なる。絶対に儲かるという信念を持っていたとしても、損する可能性をゼロとは考えていないはずである。

儲けの期待が小さいと、損を覚悟することができない。損の覚悟とはリスク負担である。

あなたがリスクを引き受けてでも投資しようと考えるのは、リスクに見合ったリターンを期待するからである。(1)

期待が小さいときには考え方も慎重になる。儲けと損を比較するからである。慎重になればなるほど失敗を考える。あなたが開店を計画するラーメン屋の売上予想をしてみよう。あなたは現在の会社勤めとラーメン屋を秤にかけており、無理はしたくないと考えている。これまでの会社での仕事を思い出しながら市場の需要分析を始めた。それは100億の投資をするか否かを分析する手法であるが、1000万円のラーメン屋の投資にも利用できると考えている。

あなたは開店する地域の人口構成を分析する。企業の数が多く、学生数が少ない。住居が少ないので、顧客のほとんどはビジネスパーソンと予測する。ビジネスパーソンの年齢は、平均34歳、男女比は6対4で男性が多いことがわかった。当初の計画では男性を主要なターゲットにしていたが、女性をターゲットにするのであれば店の雰囲気を変えた方が良い。女性好みの味にすれば女性客の方が増えるであろう。6対4は微妙なところである。

この地域の平均所得は600万円であるが、かなりの散らばりがある。既婚者もいれば独身も多い。子どもの数を分析すると何かわかるかもしれない。ビジネスパーソンの仕事はデスクワークがほとんどであり、肉体労働ではない。塩分は控え目が良い。出身地を調べると、関西地区の出身が多いが、関東の出身者が2番目、3番目は北海道であった。出身地の好みは、それぞれに異なっている。醤油味の濃さ、塩ラーメンの味付けなど、微妙なところである。慎重に考えすぎたためか、ターゲットを絞り込むことができなくなった。誰にも好まれるラーメンは、特定の顧客がいないため、結局誰にも好かれないかもしれない。あなたには経験に裏打ちされた秘伝のスープがないため、市場の好みを一生懸命探しているのである。

ラーメン屋の周囲を見ると、弁当屋、コンビニ、ハンバーガーショップがある。価格によっては来店してもらえないかもしれない。様々な価格で売上高をシミュレーションしてみる。しかし、ラーメンの価格によっては競合の飲食店も価格を変更するであろう。ゲームの解は見つからない。また、この先、新たなレストランや食堂の開店可能性はゼロではない。これ以上の飲食店は市場規模からして厳しい。ラーメンの味に自信もない上、人々の嗜好は移り気である。いまはラーメンのブームであるが、そばやうどんのブームが来るかもしれない。いろいろ検討した結果、厳しい市場競争のなかで勝ち残るのは難しいと判断して、ラーメン屋を始めるのを止めてしまった。このまま会社勤めを続ける方が安泰である。慎重なあなたにとって、この結論は正しいであろう。

大企業のなかにも評論家がいる。いろいろと分析し、慎重にコトを運ぶ。そして、最後の結論は、「賛成できないが、反対はしない。実施しても私は責任を持てない。」というような無責任なものである。頭は良いが覚悟がない。経営のトップがこれでは投資をすることはない。現状維持が一番楽だと思っているのである。あれやこれやと考えれば考えるほどリスクが大きく見えてくる。当然である。そもそも投資計画は虚構なのだから。

将来のキャッシュ・フローは、いくら分析してもリスクを減らすことはできない。不確実性を減じようと情報収集に努力しても、どこかで決断をしなければならない。ある水準以上の情報収集は、かえって不安を増大させるかもしれない。情報収集のコストの増大と不確実性の減少が見合わなくなるのである。

自分では確かな計画を立案している。しかし、その計画が不確かなキャッシュ・フローの予測に依拠しているのである。やはり、これは虚構なのであろうか。形のある物を作り、これを販売することで顧客の満足を高めようとしている。それでも、顧客が何を求めているかを知る術はない。期待は期待でしかないのである。

すでにラーメン屋で成功している親父さんがいる。彼は、これまでの成功経験からラーメン屋の第2号店を開店しようと計画している。彼は秘伝のスープを持っている。第三者が見ると彼の成功経験は根拠のない自信をもたらしているようにみえる。食通の多い大阪で成功したのであるから、東京でも成功するはずであると信じている。特別な市場調査をすることもなく出店したが、結果については読者の想像に任せよう。答えはひとつではない。大失敗から大成功まで物語を面白くすることもつまらなくすることも読者の自由である。この物語はフィクションである。

この期待が大きいときはどうなるのであろうか。トランプで負けることを期待して遊ぶのはつまらない。だが、負けないという信念は大事でも、それを人に伝えても信じてもらえない。賭け事で負けないと信じている人は幸せかもしれないが、冷静な周囲の人は確率的な問題であろうと考える。宝くじと同じである。それでも、期待がなければトランプはつまらない。もしかしたらという期待を抱かねば宝くじを購入する人はいない。1等が当たったら何を購入しようかと夢を見る。

しかし、宝くじを購入するために、その資金を銀行から借り入れたり、友人に借金する人はいない。銀行の融資窓口に行って説明してみよう。絶対に当たる宝くじを購入する予定であると。事業を開始するには、期待が必要である。しかも、相当に自信があり、その実現を信じ、情熱をかけている。それでも、根拠のない期待は問題である。

市場を過大評価すれば、製品や商品の在庫が過大になる。過大な期待が実現しなければ売れ残りとなり、コストを回収できなくなる。虚構は実現できなければ消滅する。過大な虚構はバブルとなり、いずれは破裂するわけである。しかし、ミニ・バブルは重要である。期待が先行するからこそ、投資が行われる。虚構が現実の成果をもたらすことを期待して仕事が始まるのである。キャッシュ・フローに対する確信の度合いが高ければ高いほど、あなたの投資価値は高いはずである。

（17）式の魚網の価値は約２３５７万円であった。毎年の魚の価値が確実に５００万円と予想されている場合である。だが、この確信が揺らげば魚網の価値は低下する。５年間にわたる５００万円のキャッシュ・フローが確実でないとなれば、魚網の現在価値は２０００万円を下回るかもしれない。これまでリスクのない２％の市場利子率（リスクフリー・レート）を想定してきたが、以下のように魚網の価値が約２１６５万円と評価されることになれば、現在価値の割引率は５％であり、約１９９６万円に評価される場合には、割引率は８％になる。

$$\frac{500万}{(1+0.05)^1}+\frac{500万}{(1+0.05)^2}+\frac{500万}{(1+0.05)^3}+\frac{500万}{(1+0.05)^4}+\frac{500万}{(1+0.05)^5}=2165万 \quad (19)$$

$$\frac{500万}{(1+0.08)^1}+\frac{500万}{(1+0.08)^2}+\frac{500万}{(1+0.08)^3}+\frac{500万}{(1+0.08)^4}+\frac{500万}{(1+0.08)^5}=1996万 \quad (20)$$

各年度に期待される５００万円のキャッシュ・フローが不確かであればあるほど魚網の価

値は低下する。5％で割引くということはリスクフリー・レートに3％のプレミアムが課せられる。8％で割引く場合には、6％のプレミアムである。このプレミアムはリスクに対する報酬である。リスク・プレミアムは、見方を変えれば次のようにいえる。2165万円の投資に対して5年間にわたり毎年500万円を稼いで欲しいと。それは5％の利益率を要求していることになる。あるいは、魚網の価値1996万円に対して8％の利益率を要求するということは毎年500万円のキャッシュ・フローが期待されていることになる。このリスクを含めた割引率を資本コストと称する。

しかし、魚網の価値を求める考え方としては、分子の500万円を減額することもありえる。500万円の予想が不確かであれば、この金額を減額調整しても同じである。この場合には割引率は市場利子率でよい。

期待された投資価値は、時間の経過とともにキャッシュ・フローを実現してゆく。(19)式や(20)式の左辺第1項は、1年目の期末に期待される500万円である。1年目の期末に500万円以上のキャッシュ・フローを実現することもあるし、これを下回ることもある。この実現値が、期待された段階の500万円と乖離すれば、投資価値は修正を余儀なくされる。過剰な期待は、その虚構をバブルと判定する。過小な期待は次の期末に期待キャッシュ・フローを高め、虚構を膨らませる。実際には、この修正過程は、時々刻々と行われるであろう。あなたが経営者であれば、売れ行きを肌で感じながら自らの資本価値を評価するに違いない。

人と道具の結合

企業の価値は将来のキャッシュ・フローの予測という虚構に基づいている。繰り返すが、現在所有している財産ではない。企業が法人として所有権を持つ多くの資産は貸借対照表に記載されている。立派なビルを所有し、使用していない土地を持ち、多額の現金・預金が計上されている。しかし、それでも将来のキャッシュ・フローを稼がねば価値はない。確かに、ビルや土地は不動産価値がある。現金や預金はそれ自体が価値の尺度であり、貸借対照表に記載された通りの価値を持つ。しかし、お金を持つことが会社の目的ではない。銀行も、証券会社も、お金を持たない。お金は使わなければ会社としての価値がない。そもそも、現金を出資して事業を開始したはずである。企業が所有する個々の資産は、企業の資本としての価値ではなく、それぞれの資産がそれ自体として持つ価値でしかない。

それでは、実物の価値と虚構の価値に違いがあるのか。形のある物的な道具の価値は何か。先に説明しているように、道具の価値も将来のキャッシュ・フローに依存する。道具は使わなくなれば価値はない。これから使わないと思えば、もはや価値がない。しかし、将来については確かではない。使わないと思っていた道具を使うことがあるかもしれない。使うに違いないと思って準備した道具であっても、一度も使わないまま倉庫に眠っていることもあろう。それでも、目で見ることができ、手で触ることができる道具は、確固とした価値があるかのように錯覚する。

あなたがオーケストラの演奏に耳を傾けるのは、家庭で購入できない高級なピアノやストラディヴァリウスのような高価なバイオリンの音色を聴くためであろうか。一流の音楽家は楽器を選び、その音色を聴き分けるであろう。楽器が悪ければよい音を奏でることができないし、音楽を聴く楽しみを半減させるのであろう。ホールの作りも大事である。音響効果を考慮しないような場所では一流のオーケストラは演奏しないに違いない。有形の道具が価値を持つのは当然である。

しかしながら、いくら高価な楽器でも、音楽の素養のない私の演奏では無価値である。楽器を奏でる人に依存し、指揮者の能力によって魅力的な音楽になるのである。人の持つ技術や才能に左右されるのである。一流のバイオリニストは、どこにでもある初心者向けのバイオリンでもすばらしい演奏をすることができる。しかし、私はストラディヴァリウスでも音を奏でることはできない。持つべき人、使うべき人が演奏することで価値を生むわけである。

企業の道具も同じである。熟練した職人が使うことで価値を生む道具も、不熟練の人が使用すれば無価値になることもある。事務用のパソコンは簡単に使用できるが、自動車の設計や宇宙工学などに使用するコンピュータは、それなりの専門知識がなければ意味がない。普通のパソコンでも、使い慣れた人とはじめて使う人では価値に差が生じる。初心者が解説書を見ながら経理の仕事をする間に、慣れた人は多くの仕事をこなしてしまう。道具と人との結合方法を誤れば、将来のキャッシュ・フローに差が出るのは当然である。

確かに、機械は人の作業を代替する。合理化と呼ばれる多くの投資は、労働者を減らし、コストを下げる手段であった。機械化により熟練労働者が不熟練労働者に置き換えられ、一人ひとりの労務費も引き下げられた。機械と単純な不熟練労働の結合でキャッシュ・フローを稼ぐことができるのも事実である。

生産手段としての機械さえ所有できればキャッシュ・フローが期待できる時代があった。貯蓄することのできる人が限られている時代である。貯蓄の絶対水準が少なく、しかも、特定の人のみが社会の貯蓄を利用できた時代である。生産手段を持つ競合企業が少ないために、独占的な利潤を獲得することができる。高い人件費の熟練労働に代わり、安い賃金で雇用できる不熟練労働者が仕事を欲していた時代である。不熟練労働力を標準化（動作研究や時間研究）することで、生産手段の価値が客観化された。

作れば売れる物不足の時代は、コストが利益を決定する。オートメーションなどの流れ作業が労務費を標準化し、企業の資本価値を測定しやすくした。単純な言い方をすれば、物的生産手段の調達価額が企業資本の価値となったのである。この時代、貸借対照表の資産合計は、企業の競争力を測る尺度であった。物的資本に価値があった時代は物的資本を所有することが競争力の源泉とみなされたのである。

しかし、現代は裕福な時代である。機械を所有し、将来キャッシュ・フローを稼げるのであれば、誰でもが機械を購入できる。あなたに資金がなくとも多様な資本調達の手段により機械を購入できる。将来のキャッシュ・フロー期待が大きければ、機械はあふれることになる。あるいは、他にキャッシュ・フローを稼ぐ機会が発見できなければ誰もが機械を購入する。そして、いまや機械があふれることとなった。このような状況で将来キャッシュ・フローは期待できるであろうか。

所有権とキャッシュ・フロー

物的資本が余剰の時代になり、物的資本の価値は相対的に小さなものとなった。世界に冠たる日本の自動車工場も、工場の建物や社名入りの看板、機械の部品や原材料、あるいはそれを保管する入れ物や工具など、それぞれのパーツを単体で取り出しても価値はない。それらの物的資本自体は産業廃棄物にしかならない。それぞれの持つ能力を利用することで価値を生み出しているのである。

小説家は、紙と万年筆で原稿に文字を埋めてゆく。紙自体の価値は大して問題にはならない。万年筆も、鉛筆やボールペンで構わない。パソコンを使う人が増えたであろうが、高性能なパソコンである必要はない。ワープロのソフトが入っていれば良いのである。出版された小説が価値を持つのは、ページ数でも装丁の善し悪しでもない。そのストーリーである。フィクションであっても、ノンフィクションであっても、読み手を夢中にさせる物語が価値を持つ。登場人物、主役と脇役、時代背景、状況の描写、会話の内容などが筋道を立てて編集され、ひとつの物語となって完結する。サスペンスやロマンス、歴史ものなど、ジャンルは様々である。しかし、一定の読者を惹きつけねば価値はない。

企業の資本が価値を持つのも同じである。繰り返すが、企業は実物の資産を所有し、生産活動をしているというイメージから脱却することが必要である。一流企業が都心に高層ビルを所有しているというイメージはなかなか払拭できない。しかし、流動資産や固定資産の所有というのは企業の活動とは無縁である。本社ビルを所有していても、これを賃借していても、あるいは土地やその他の機械設備を所有していようと借用していようと関係がない。物語のなかで描写される建物は、その所有者を説明する必要がない。ドライブの描写に、自動車の所有権が誰に帰属しているかを考えて読む読者はいない。オーケストラの楽団が楽器を所有していようと借り物でも関係ない。ストラディヴァリウスは所有とは無関係に良い音を奏でるはずである。

貸借対照表に多額の資産が計上されていても、その資産が将来キャッシュ・フローと直結するかのようなイメージを抱くことは危険である。しかし、直結できる物語を執筆することはできる。先に注文があり、それに応じて生産の準備をし、生産活動に入るとしよう。注文を請けてはじめて生産の準備をし、注文の製品が完成するとすべての生産資本は片付いてしまう。つまり、固定的な生産設備ではなく、すべてが流動資産である。

注文があるため、虚構ではなく、実業というイメージで生産活動に着手できる。詐欺的な行為がなければ堅実な企業経営である。物語は注文主が決めており、相手次第である。資本の価値は、注文から生産を開始し、製品を完成させ、引渡すことで得られるキャッシュ・フローの現在価値である。この生産期間中に所有権を持つ流動資産が利子を生む源泉となっている。

次に注文生産ではあるが、固定資産を所有する場合を想定しよう。数年間にわたり連続的に製品が製造されるが、そのすべてを注文主が買い取ることになっている。収入が確実であり、そのための費用が決定している。リスクはなく、受け取る利子は最低水準であり、銀行預金と同じ程度である。キャッシュ・フローと資産が直結し、所得の大きさが確定する。しかし、結果のわかる物語を読み進めるであろうか。期待やロマンのない物語は面白くない。

資産を所有することはリスクを背負うことを意味する。リスクとは資産と将来のキャッシュ・フローの関係が明示できないことを意味する。確率的にしか示せないのである。なぜなら、収入は変動するのに対して費用が固定化しているため、キャッシュ・フローの大きさが変化するためである。つまり、貸借対照表の資産額と将来キャッシュ・フローの現在価値が乖離する。所有権はリスクを負うが、その見返りにリターンを得る。リスクのみであれば、誰も資産を所有しなくなる。それは私有財産制度の崩壊である。リスクのあるところにはリターンもなければならない。


通常、売上を正確に予測することは難しい。つまり、注文があるか否かが不確かである。所有するということは、先に貨幣の支出を伴い、これを取り返すための収入が後から発生する。売上を期待して先払いした支出は固定化され（費用としては減価償却費）、これを上回る収入の実現が利益に計上されることになる。損益分岐点分析である。

リスクを減らすには、収入の増減に応じて費用を変化させることが望ましい。注文の増減により原材料や部品、水道光熱費を調節する。これと同じように労働力を増減し、製造する建物のスペース、機械の設置場所や販路も拡張したり縮小する。使用する機械の能力さえも調整可能である。あなたは、すべての費用を収入に応じて可変的にすることで一定の所得を確保し、リスクをなくすことができる。このような柔軟な生産構造を構築できれば期待や予想は必要ない。貸借対照表の資産合計は将来キャッシュ・フローの現在価値と一致するであろう。しかし、こうした生産設計は資産を所有し、正規の従業員を雇用する限り困難である。企業は何らかの固定的な生産設備を持たねばならず、可変的な収入に対して一定のコストを負担しなければならない。

所有からの解放

変化する収入に可変的サービスで応じるには、資産を所有せず、すべてをアウトソーシングに依存するしかない。それは、誰かが所有する機械や設備を収入に応じて購入することを意味する。その費用は、当然のことであるが所有者に利子をもたらすように決められる。つまり、所有していないあなたには利子は帰属しない。物語は注文主や所有権を持つものが主役を演じているのである。

あなたのラーメン屋は、麺やスープを外注し、自前で生産するものがないとしよう。土地も店舗も借り物で、テーブルや椅子などのすべての資産をリースで調達しているとしよう。すべての費用を支払った後に残余の所得があるであろうか。おそらく、あなたの手元に残るものはないであろう。あなたが従業員として働いていれば賃金が残るだけである。

しかし、誰もが調達できるモノであっても、新たな組み合わせで残余所得を生み出すことができる。マクドナルド・ハンバーガーは、誰もが調達可能な生産要素でありながら、その調達方法や生産プロセス、そして販売方法を工夫したのである。コンビニエンスストアは、資産を所有しなくとも、販売方法のノウハウや流通システムのノウハウにより将来の期待キャッシュ・フローをもたらした。資産を所有せずに、第三者が所有する資産を新たな方法で結合することで大きな価値をもたらす。イノベーションである。

所有権を持たなくとも同様の関係は契約関係によって構築することができる。所有することと利用する権利、あるいは使用権は異なる。使用権により所有と同じような外観を保ち、同じようなキャッシュ・フローを稼ぐことができるとすれば資本としての価値を持つ。もちろん、社会全体としては誰かが所有権を有さなければならない。

所有者=使用者となることは、使用目的の変更によるリスクを除去し難い。資産を所有すれば多少とも流動性は制限されることになるが、使用方法は環境によって変化する。ラーメン屋に適した店舗がハンバーガーショップに適しているとは限らない。事業内容の変更は、資産の入れ替えを必要とする。

所有していることでアイデアに制約を与えることもある。ビルを所有していると、そのビルを活かした商売を考えようとする。特定の製品のための生産設備を所有していると、他の製品を生産することを思いつかない。所有することは知識の幅を狭める可能性がある。所有していなければ、選択肢は無限に広がり、知識の幅が広げられる。

それゆえ、所有権と使用権を分離することが効率的な資産利用につながる可能性が高いのである。もちろん、利子の帰属先は資産の所有者にあるが、利子を含めたすべての支払い後に残余所得としてのキャッシュ・フローが期待されれば資本として認識されるのである。こうした期待キャッシュ・フローを生み出す契約関係を構築できれば利潤の源泉となる。

リスクを分散化しながらリターンを最大化できれば、資本の価値が創造される。将来のキャッシュ・フローが期待されるからである。所有権から契約関係への工夫は、資産などに限定されたものではない。契約関係は、生産活動を行う上での様々な取引関係で生じる。使用する生産要素は、使用期間中の環境変化に対してどのような選択権（オプション）を持つのであろうか。オプションの設定方法によっては、リスクを大きく減少させ、資本の価値を高めることになる。リース資産の利用、借地や借家、その他アウトソーシングの利用契約により、所有するのと同じ以上の効果を得ることができ、リスクとリターンの最適な関係を締結することができる。資産利用のみならず、雇用や資本調達、その他すべてのインプットとアウトプットに関する契約関係で鞘を取れれば資本として認識されるのである。

物語を作り、これを面白くさせるための工夫を施すのは経営者の役割である。機械設備を購入して、いまある製品と同じようなものを安い価格で製造するというような物語では面白くない。安く作るための工夫がなければ、物語は価格競争という戦場を描写するだけである。所有を回避し、なんでもアウトソーシングすればよいというものでもない。アイデアのないアウトソーシングは、資源を提供する側が主役であり、利益はあなたに帰属しない。

新たな事業領域の開発、新しい目的の提案、目的を実現するために考案される組織など、読み進むに従って期待を膨らませることのできる物語を作らなければならない。それは経営者の知恵や知識、特殊な経営の技術が必要である。もちろん、ひとりの経営者の知識である必要はない。経営者の役割はリーダーシップを発揮して、知識を束ねることでもある。そして知識が活かされるように、虚構を実現すべき決断をしてゆかねばならない。計画は実行されるときに決断力という勇気、あるいは覚悟がいるものである。

オーケストラが指揮者によって音楽を創造するように、経営者が知識を束ねることで、将来の新たなキャッシュ・フローが期待される。経営者が魅力的であれば物語は面白くなる。主役は経営者であり、読者が物語の価値を決めることになる。

(1) リスクに関しては、K. J. アロー(Arrow, K. J.)が、伝統的なワルラス流の一般均衡分析に、起こりうる状況についての「条件付き請求権」(contingent claims)市場を導入することで、不確実性下におけるパレート最適の競争均衡を証明した。しかし、現実的な問題として、市場はこれに応じるための条件を備えていない。情報の偏在も存在し、アロー型の均衡市場は存在しない。これを代替・補完する市場として保険市場や株式市場、あるいは先物市場が形成している。リスクの価格については、W・F・シャープ(Sharpe, W. F.)等による資本資産価格形成モデル(CAPM)や裁定取引モデル(APT)が展開されている。

第8章　虚構の組織設計

株式制度

株式会社は、資本結合の最高形態と呼ばれるが、それはまた虚構をつくり、知識を創造する最高の制度でもある。株式会社の仕組みを説明する必要はないかもしれない。しかし、仕組みは理解していても、その本質的な機能に気づいていないこともある。本章は株式会社制度を確認し、リスクを最小化しながらリターンを最大化する制度設計であり、この設計が知識の創造に大きく貢献してきたことを説明する。

株式会社の仕組みは、分業の経済と利益の本質を理解する上で重要である。企業は、一般的には貨幣資本を出資して創業する。事業活動に必要な様々なモノを購入し、事業準備のための諸種の支出をし、期待される収入を実現するために様々な活動を行う。貨幣資本は生産資本、商品資本と変化し、最終的には貨幣資本となって回収するが、この資本の運動には時間がかかる。当初に支出した貨幣資本をすべて回収し、これを上回る貨幣収入を実現するまでは利益の真の実現とはいえない。

この回収期間が長くなれば長くなるほど、多くの貯蓄が必要である。その期間中、企業活動のための支出が先行する。従業員の給与をはじめ、様々な支払いが必要であるが、機械装置や工場、店舗など多くの固定資産を有する企業は、その取得金額を回収するまでに長い時間を必要とする。壮大な夢物語が実現可能であるという期待を維持しなければならない。

あなたが出資した企業が大規模な固定資産を必要とする企業であれば、投資の回収期間は長くなる。鉄道事業は、最初に乗車した客から旅客車両や鉄道敷設の費用をすべて回収するわけではない。数十年間の運賃収入から車両や鉄道敷設の費用を少しずつ回収する。出資した資金が10年間回収できないと予想されるとき、その投資に躊躇しないであろうか。10年間というのは長い年月である。

10年前を思い出せるであろうか。パソコンやインターネット、携帯電話、薄型テレビなど、多くの技術革新が行われた。鉄道事業の出資者になることを決めると、何十年も元手が返らない。あなたの寿命と元手の回収期間を比較するであろう。子供や孫がいなければ、その持分を継承することができない。銀行預金であれば、あなたの預けた現金は必要なときに引き出せる。しかし、鉄道事業に出資した資金は、線路や車両に変わっている。返還請求をして、線路1本を戻されても困るのである。

この難問を解決したのが譲渡自由な株式制度である。この仕組みは人類の知的センスの賜物である。あなたは出資した現金と同時に株券を受け取る。この株券には、経営に参加する権利（株主総会の投票権）や利潤分配権（配当請求権）などの権利が付与されている。出資者があなたひとりであれば、出資者＝経営者である。議決権も配当請求権も関係ないが、多数の出資者となると、その権利を株券に応じて分けなければならなくなる。

出資した金額が１０００万円としよう。あなたの１０００万円は会社に入り、鉄道の線路や車両の一部に使用される。もはや現金ではなく、生産資本に変わっている。鉄道事業が開始されるまでは収入を生まないが、開始されてもすぐには１０００万円は戻らない。多くの乗客を乗せ、運賃収入から様々な費用を控除して毎年の利益が計上される。その利益から少しずつ出資に応じた利子を配当として受け取ることになる。出資した元本部分は回収されないまま、永続的な鉄道事業に使用されている。毎年１００万円の利益を稼ぎ、これが分配されれば、10年で元手を回収することになる。あなたは、元本回収後に分配される配当を利益と考えるかもしれない[1]。毎年の配当が50万円であれば20年である。これ位の長さになると少々寿命が気になるかもしれない。

株式会社という仕組みが知的産物であるのはここからである。出資して1年後にどうしても現金が必要になったとしよう。あなたは会社に出資金の返金を求めるのではなく、所有している株券を売却すればよい。売却する相手は会社ではなく、余裕資金を持つ第三者である。最初に出資した1000万円は返還されることがなく、資本の運動を継続することになる。第三者に譲渡するときの株券の価格（株価）は、鉄道事業の将来キャッシュ・フローに依存している。大きなキャッシュ・フローが期待されていれば、その分け前である配当期待も膨らむ。

将来の配当金は、株式を所有する株主にもたらされるキャッシュ・フローである。その現在価値が株価になる。その基本的な考え方は、魚網の資本価値で説明した（17）式以降の説明と同じである。鉄道事業の経営が良好であり、期待していた虚構が実現しているとすれば、あるいは実際の結果が期待以上のものであれば株価は上昇し、1000万円以上の株価をつけるかもしれない。逆の場合には、出資した1000万円以下の回収で我慢しなければならなくなる。それでも、必要なときに現金化されることは魅力的である。株式の流通市場が形成されると出資した現金は企業活動に拘束されることなく、銀行預金のように流動性が与えられることになる。

出資した資本に流動性が付与されることは画期的である。あなたは20年待たねば回収できないような投資計画に現金支出の決断を下せるであろうか。多少の余裕があっても、いつ何が起こるかわからないのが人生である。いつでも、銀行預金のように現金化できることで、出資に躊躇していた投資家も安易な気持ちで株式投資ができる。企業から見ると、容易に出資者を募ることができるのである。

この状況を別の視点から見ることにしよう。鉄道事業を計画した経営者が資本を集めようとしている。その事業規模が大きいために、不特定多数の投資家を募らねばならない。従来のような資本の調達方法では出資者が限られ、多くを集めることはできない。総額500億円を調達しようと考えている。毎年の利益は25億円、5%の利益率が期待されている。しかしながら、500億円が集まらなければ事業を始めることができない。500億円の貯蓄は投資に向かわないため、資本価値を創造しないことになる。回収期間の20年は相当に長いと考えた結果かもしれない。明日何が起こるかさえわからない人生である。20年先は霧のなかにある。霧のなかを航行するのであれば、5%の期待利益率ではリスクに見合わないと判断している。

株式会社化により500億円の資本調達が可能になるということは、いつでも売買できるという流動性が価値を創造したことになる。20年先を予測しなくとも、視界のよい晴れの日だけ出航しようという発想になる。出資のプレミアムは低下することになる。企業の実態はなんら変更がない。投資計画に変更がないにもかかわらず、株式会社という制度に変更したことで500億円が集まり、500億円の価値を創造することになる。

市場の投資家は、毎年25億円の利益でも出資を引き受けたのである。あるいは、毎年の25億円を5%で割引くことで、500億円という株式時価総額を決定したのである。株式会社でなければ高いリスク(取引コスト)[2]を上乗せし、25%の利益率を要求するかもしれない。時価総額は100億円にしかならない。資本が集まらなければ、より高い利益率が要求されていたことになる。株式会社という制度は資本コストを引き下げるための制度設計なのである。

もちろん、譲渡自由な株式制度は、所有権の売買市場である株式の流通市場を形成しなければ意味がない。上場企業[3]であることは、株式の売買に伴う取引コストを大幅に引き下げている。あなたが売却したいときにあなたの株券を欲する投資家を探すのは大変なコストを伴う。情報を収集し、移動し、売買契約を結ばねばならない。投資家一人ひとりの知識が浪費させられる。上場企業の株主は、無駄な知識を使わずに、売買が可能になる。

所有者は、流通市場における売買を通じて入れ替わるが、企業に投下された資本は永続的に資本の運動を繰り返す。この資本の運動は経営者の指揮に基づき、事業活動が継続的に行われることになる。経営者が交代する可能性はあるが、所有者の交代とは必ずしも同じ理由ではない。所有と経営の分離である[4]。

有限責任制[5]は、所有と経営の分離の必然的な結果かもしれない。投資家は、経営者と同じようには情報を入手していない。経営者は、専門的に事業活動に従事し、そのための情報を収集し、これを分析し、なすべきことを決定している。あなたが投資家であるときでも、あなたは別の専門的な知識を持つ仕事に従事している。自動車会社に勤めながら、製薬会社の株式を購入することができる。あなたの専門的な知識や技術は自動車の知識であり、薬の知識ではない。それゆえ、あなたが、投資先の情報を完全に入手したとしても、これを経営者と同じように分析する能力は持ち合わせていない。

たとえ、情報分析能力が長けていても、かなりの時間と労力が必要である。経営者と同じだけ企業経営にかかわらねばならない。あなたは経営者と同じ能力があった場合でも、別の仕事を選択しているのである。それがあなたの合理的な選択だったはずである。にもかかわらず、情報を分析しなければならないのであろうか。せっかく知識の分業が成立しているのに、それぞれの分散した知識を集める必要があろうか。株主が多くなれば、一人ひとりの株主に経営内容を知らせねばならない。一つひとつの企業を何千人、何万人もの投資家が重複して分析するのは合理的であろうか。そのようなコストをかけても知識は深まることはなく、社会は豊かになることはない。現実的には、資産運用を専門とする機関投資家などが売買を行い、多くの個人投資家はフリーライダーになる。多くの投資家がフリーライダーになれる仕組みを作らねば、不特定多数の資本調達は不可能なのである。有限責任という制度は、フリーライダーを作り出す仕掛けでもある。この制度がなければ、誰もが情報収集やその分析に慎重になるであろう。投資をする社会的なコストは非常に大きくなる。

有限責任制は、企業活動の規模が拡大するためには必要な制度かもしれない。経営者自身、組織の規模が拡大し、様々な原材料や部品を購入し、多様な製品を製造するようになると正確な情報を把握できなくなる。少しずつ原材料や部品の在庫が増え、製品が売れ残る。知らない間に資金が不足し、信用で仕入れた流動資産が雪だるま式に積み上がっていることがある。工場の操業度が低下し、工場を所有しているだけでも赤字を生み出すようになる。投資した資金以上の債務が残り、身動きが取れなくなる。

様々な事態があなたの知らないところで進行している。あなたが信頼する経営者でさえ、タイムリーに情報を把握していない可能性がある。企業の活動範囲が広がれば広がるほど、あなたの投資した以上の債務を抱える可能性がある。企業の債務に対して、あなたが無限の責任を追及されるとしたらどうであろうか。しかも、あなたは経営に参加していなかったのである。1000万円しか出資していないのに、会社が100億円の債務を抱えて倒産したとしよう。出資者全員でこの債務を返済することになる。あなたの出資に応じた負担は1億円に上ってしまった。しかし、出資をしていない経営者は、何らの返済義務がない。経営者は経営能力に基づいて雇われた人材であり、返済の責任はないと主張する。経営者の能力を見抜けなかったのは落ち度であるが、出資者には将来を予見する十分な情報も、能力もないのである。あなたが出資者として所有している能力は、資本を供給することだけなのである。

有限責任性は、情報分析をしない投資家を許容するシステムなのである。こうしたフリーライダーを許さねば資本は集まらない。確かにリターンに目が眩んだのだから責任はある。しかし、その責任を有限にしなければ不特定多数の投資家から資本を調達することはできないであろう。有限責任制でなければ、投資家は心配で年中経営者と従業員を監視しなければならず、所有と経営を分離する意味がなくなるのである。

ところで、有限責任制にしたとしても、企業の債務が消滅するわけではない。企業に資金を供給した債権者は、債権回収ができなくなる。このことは、出資者のリスクを債権者が分担することを意味している。債権者のリスクは高まるが、企業のリスクを投資家が広く薄く分散して所有する構造が出来上がる。

譲渡自由の株式制度と有限責任制により、企業は多数の投資家より多くの資本を調達できるが、それは同時に個々の投資家に多数の企業への投資を可能にした。株式発行数を増やせば、わずかな金額で出資が可能になる。情報収集や評価についてフリーライダーでいられるとすれば、多数の銘柄の株式を購入することができる。この分散投資も、投資家のリスクを軽減させることになる。リスクを削減するための制度設計は、資本価値を高めるための制度設計なのである。製造する製品や販売する商品、提供するサービスのすべてが同じであっても、株式会社と株式市場という組織・制度の設計により資本の価値を創造するのである。

知識の分業と虚構

株式会社は、所有と経営の分離を促進するが、これは同時に知識と技術の分業を推し進める。資本を所有する者が専門的な知識やビジネスのアイデアを有するとは限らない。専門的な知識や技術をビジネスに活かしたいと考えても資本がなければ起業することはできない。株式会社は、知識と技術を有する者に資本を供給する仕組みであり、知識の高度な専門化を促進するのである。

知識・技術が株式会社に集結し、これが蓄積することで資本価値は増殖する。否、ビジネスのアイデアやモデルの提示に貨幣資本が出資された段階で、それらの知識や技術は資本として評価されるのである。それは貨幣資本が生産資本や商品資本に変化するのと同じである。知識・技術は企業の重要な生産資本であり、その質と量が企業の競争優位を構築するのである。どこにでもある生産設備や誰でも購入できる備品、普通のテナントビルへの入居、そして一般的な人材募集で雇用した人々など、特別な生産要素でなくとも、これを結合して、イノベーションを実現できれば所有権の有無にかかわらず資本価値を創造できる。しかし、企業活動を開始するには、前払いのための貨幣資本が必要である。物的資本を持つ必要がなくとも、人件費や広告費、その他の諸費用を収入の実現前に先行して支払わねばならない。そのためには、資本価値を創造し、貨幣資本を調達しなければならない。

知識や技術が資本として認識されると、その段階で新たに所有権が発生する。知的資産を所有する権利が株式価値に織り込まれるのである。著作権、特許権、実用新案権、意匠権、商標権などの知的所有権ないし知的財産権が保護されるのは、資本として認識され、所有権の交換対象になるためである。こうした権利関係を法的に明示したもの以外でも、将来のキャッシュ・フローを増加させる知識や技術あるいは情報は、重要な知的資産であり、資本として評価され、株式価値を構成する。営業権などの無形資産は、企業買収のときに記載されるが、それは被買収企業の多様な知識や技術の評価でもある。帳簿に記載された有形資産以上の価値で買収するということは、知識・技術が生産資本となったことを意味する。

日々の活動で蓄積される顧客情報、日々開発される小さな生産技術や仕事の改善方法、権限と責任の関係を示す組織図も、熟慮を重ね、試行錯誤のなかで設計された重要な財産である。また、多くの製造現場で同一製品の累積生産量の増加で単位当たりコストが低下していく経験曲線効果が観察されている。累積生産量の倍増で、単位コストが20～30％ずつ逓減するとなれば、先行企業の集中的投資を促進させる。この経験曲線効果は規模の経済性のみならず、生産に携わる人々の学習効果や生産現場の組織設計など、物的関係のみならず人的な知的活動による効果が大きい。こうした知識・技術の資本価値は、株式会社以外では評価が困難である。株式会社は、知識・技術を株価に反映させる評価メカニズムを有している。

将来キャッシュ・フローの期待が大きければ、その知識・技術を広めなければならない。すなわち、知識・技術を包含した企業活動を成長させなければならない。そのスピードが遅ければ、ライバル企業が類似活動を行い、知識・技術の創造者が得るべき利益は奪われることになる。利益の争奪が容易であれば、知識・技術の創造は割に合わず、それを創造するモチベーションが低下しよう。社会が豊かになるためには、知識・技術の創造者にその所有権を与え、その交換を通じた利益を提供しなければならない。

創造者が利益を独占するためには、他社に先行して資本を調達し、人材を含む生産要素を準備し、企業活動を開始しなければならない。株式会社制度は、この資本調達を行うための仕組みである。新株の発行増資を行い、知識・技術をより広範な市場に提供することが期待できる。社会は速やかに知識・技術を共有できることになる。

株式会社が利益を確保し、存続するためには知識・技術を開発し続けねばならない。それは同時に継続的な知識の伝承を必要とする。株式会社は人的なつながりではなく、不特定多数の資本的結合として成立しているため、特定の個人の寿命や意思によって企業活動を終わらせることができない。継続企業（going concern）として、企業活動が無期限に永続されることを前提とする株式会社では、企業活動に必要な知識・技術・情報を組織に蓄積し、組織構成員の交代によって失われることがないようにしている。

所有と経営が未分離のままの企業は、知識・技術を企業組織に蓄積し難い。否、知識・技術を蓄積できないために所有と経営が未分離なのかもしれない。オーナー社長が、重要な意思決定を行い、経営のノウハウを独占している。権限を委譲せず、多くの重要事項を社長が決裁しているときには、知識は社長個人には蓄積されるが、従業員に蓄積されず、社長の交代時に企業価値を失う。資本的会社ではなく、人的会社なのである。中小企業が中小企業なのは、出資した資本額や従業員の数というよりも、知識・技術の大きさであり、その知識・技術が影響を及ぼす範囲なのかもしれない。

株式会社という法人形態を採用しながら、株式を上場できず、流通市場で売買できないのは、知識としての資本の価値が小さいためである。あるいは、その知識の価値が人的な属性を持ち、永続的な評価を受けるための知識の継承がないためである。

レモンと美人投票

アカロフ（Akerlof, G.A.）のレモン市場は有名である。中古車市場の売り手は、車の良し悪しを知っているが、買い手は中古車のエンジンやその他の状態を知らない。そのため、市場では悪い車が先に取引され、良い車が取引されなくなるというものである。情報が完全である市場では、良い車から取引され、悪い車は売れ残るはずであるが、情報の非対称性は、逆選択を生じるというものである。逆選択を生じる市場をレモン市場（レモンは欠陥品を指す）と呼ぶ。

所有と経営の分離を特徴とする株式会社では、経営者の持つ情報と株主ないし株式市場に提供される情報に非対称性が生じる。出資者は、経営者の知識や技術、虚構がどの程度のものかを知らない。経営者が提供する情報の出し方次第で虚構への期待が膨らんだり萎んだりする。経営者は実現不可能な虚構と知りつつ、虚偽の情報を提供することで株式価値を形成させることができることになる。将来の期待キャッシュ・フローというのは、現時点の事実とは結びついていないからである。

結果として、現状のビジネスが利益を生み出さず、堅実な生産活動を行っていないにもかかわらず、大きな資本価値を形成することがある。逆に、堅実なキャッシュ・フローを生み出している企業の価値が低下することがある。堅実な企業の株式が売られ、実現しない虚構の株式が買われることになる。嘘の情報と正しい情報を区別することは難しい。

レモン市場は、一方が正しい情報を持っていることになっている。経営者が正確な情報を所有しているかのような議論は多いが、経営者と株主はどちらも正確な情報を持っていない。確かに、経営者は株主の知らない多くの企業情報に取り囲まれていることは事実である。多くの株主は、株式の売買や有限責任制ということもあり、正確な情報を入手しようというモチベーションを持っていないかもしれない。現状より良い情報であれば買い、悪い情報であれば売るという単純な行動に支配されているかもしれない。それでも、正しい情報という基準からすれば、経営者も離れた距離にある。経営者と株主は、いずれも将来を予測しなければならず、将来について語るために現在を眺めなければならない。経営者は、自分の経営能力を冷静に判断しているであろうか。自社の従業員の能力を把握しているであろうか。自社の相対的な優位性は何か、劣位になるものは何かを認識しているであろうか。

私たちは、私たち自身を知ることが難しい。あなたは自己紹介をするときに自らを相対的な存在にしている。誰かと比較して、背が高いとか、太っているとか、あるいは、明るい暗い、積極的か消極的などと評価する。しかし、日本にいるときと海外では異なってくる。平均体重や平均身長が異なると、あなたに対する評価も違ってくる。言葉が通じなければ暗くなるかもしれないし、消極的になるかもしれない。企業も環境変化によってその価値が変化する。経営者が、その変化を読み取ることができるとは限らない。自社の強みや弱みを知らない経営者は多い。特に、強みを知らないことが問題である。

弱みや欠点は、苦手な分野であり、知識や技術が備わっていないために、十分に認識している。できないものは逆立ちしてもできない。それゆえ、外部に依存しなければならない。まして、苦手な分野で競争しようとは考えていない。金融の知識がない企業がファイナンス事業部を立ち上げるということはない。製造ノウハウがない企業が物作りをしようとは考えない。

しかし、強みや長所を理解している経営者は多くない。我が社のコア・コンピタンスを認識していなければ、競争する場所を誤ってしまう。強みと呼ばれる部分は、十分な知識や技術を持ち、熟練していることもあり、事がスムーズに進む。当たり前のように自然に行われる活動が強みであることに気がつかないのである。優位な知識や技術を知らない経営者は、将来を語ることができない。

コンサルタントに指摘されて経営を改善するのは、経営者自身が情報を正しく把握せず、情報の活かし方を知らない証左である。第三者に指摘され、新たな知識・技術を創造する。新たなビジネスモデルや製品開発、新事業の将来に関する経営者の知識や情報の量は、株主より多いが、その評価を考えると、経営者と株主の情報格差は大同小異である。

経営者は時に無謀な計画をまじめに検討する。行き過ぎた計画は、株式市場によってブレーキをかけられる。無謀と思われる投資計画の発表が株価を下落させ、この株主による反対表明が経営者に計画実施を思いとどまらせる。正しい情報は経営者が握っていたのかもしれないが、株主を説得できなければ正しい情報にはならない。無謀か否かの判断も難しい。知識や技術がないにもかかわらず、実現可能であるかのようなビジョンや事業計画を策定するのは詐欺的な行為である。しかし、株主が信じ、株価が上昇し、結果として、必要な知識や技術を有する人や組織を確保できるかもしれない。虚構は現実になってしまう。

虚構と現実の境界線は、どのあたりにあるのであろうか。企業の提供する情報は、経営者の意図的情報ばかりではない。従業員や顧客、得意先企業、ライバル企業、その他多くのステークホルダーが多様な情報を発信する。証券市場は、多数の株主や債権者が多様な情報から企業を評価し、虚構と現実を秤にかける。同じ情報が提供されても、異なる人格は異なる期待を形成する。株式は、売る人と買う人がいて株価をつける。売る人は株価の上昇を考えていないが、買う人は株価が上昇すると信じている。

ケインズは、株式投資を美人投票で例示した。その趣旨は、自分の好みの美人に投票するのではなく、一番多くの票を集めそうな人に投票しなければならない、というものである。あなたが高く評価する企業も、多くの投資家が別の企業を評価すれば株価は上昇しない。株式投資で儲けるためには、あなたの評価ではなく市場の評価を予測しなければならない。

銀行も企業をチェックする。債券格付け機関も評価する。証券市場も監視する。そして、企業の内部でも取締役や社外取締役、監査役や監査委員会などが経営者や経営活動を監視する。虚構を現実にするための努力をしているのか。あるいは、虚構は虚構であり、意図的な情報操作の賜物でしかないのか。その境界線は難しい。

結果がわかれば、確信犯と考えるかもしれない。ADSL事業を積極的に展開するために、無料でADSLの機器や工事を行うとしよう。顧客獲得のコストは赤字を拡大する。しかし、無料の機器や工事は先行投資であり、一定の顧客を確保すれば後は毎月の料金収入が入るだけである。経営者は、将来のキャッシュ・フローを予測すれば間違いのない投資であると自信を持つ。株式市場も経営者のメッセージを聞き、赤字続きのADSL事業を高く評価する。

しかし、環境は変化する。ADSLに代わり、光ファイバーが主流になると、顧客はADSLから光ファイバーに乗り換えようとするであろう。先行投資はキャッシュ・フローにつながらなくなる。この事態は、経営者の先見性のなさであり、また資本市場による不特定多数の環境分析能力の失敗を露呈する。一部の専門家はADSL事業の展開を懐疑的に見ていたが、経営者も投資家も虚構が現実になることを期待していた。それは株価の動きに現れている。

虚構の真実性

古典的なバブルの物語は、多くの示唆を与えてくれるにもかかわらず、その教訓を活かせる人は少ない(6)。オランダのチューリップの球根は有名な話である。1636年には価値がありそうもない1個の球根が馬車1台、馬2頭、そして馬具一式と交換されるまでの価格に騰貴したという。希少な品種に対する需要は増大し、その売買のための常設の市場がアムステルダムの株式市場をはじめ、多くの町に開設された。貴族、市民、農民、職人など、あらゆる人がチューリップに投資を行っていた。借金してまで投資をする投機家が続出し、チューリップ取引の法律も整備される事態になる。

しかし、37年に物語は最終章に入る。理由は不明のまま、価格が暴落し、借金を抱えた多くの投機家を取り残すこととなった。債務不履行も起こり、オランダ経済は深刻な長期の不況の時代を迎えることとなった。チューリップのバブルは崩壊してみれば当然のことである。球根が珍種であったとしても、家財道具の一切合切と交換されるほどの価値はない。冷静に考えれば当然である。しかし、バブルの最中にいる人々は、市場が決める価格に陶酔するのである。市場の評価がすべてであると。

バブルに関して、本書が取り扱うに最もふさわしい例示は南海泡沫会社(The South Sea Bubble)である。これは株式会社の仕組みが利用された大掛かりなバブルである。南海会社は、1711年にロンドンで創設された。南海会社の設立免許は、イギリスの政府債務を引き受け、整理することが条件であった。会社は株式発行の権利と様々な国々との貿易に関する独占権が与えられていた。金属や奴隷貿易が有望な商機と考えられていた。会社の株が政府の要人に贈与されたり、取締役が議会に出席して会社の将来性を喧伝する機会が与えられたりしている。1720年1月に128ポンドだった株価は、夏には1000ポンドまで上昇した。

この頃、100を越える投機的な会社が誕生している。永久運動の開発をする会社や、馬に保険をつける会社など多くの目論見書が作成され投機的資金を誘うこととなったが、南海会社への投機の障害になると考えたのか、7月にはバブル法が制定され、こうした企画が禁じられたのである。しかし、南海会社自身の株価は12月には124ポンドまで暴落してしまう。本業である奴隷貿易が上手くいっていないことを知る経営者が、高値で株を売り払ったという情報が伝わったとされる。虚構が実現していなかったのである。

遅かれ早かれ、誰かが虚構と現実の差に気づく。それは戦略的なミスかもしれないし、意図的な情報操作かもしれない。戦略の実現に邁進してきた経営者の失敗についても、先に気づくのは株式市場かもしれないし、経営に携わる経営者かもしれない。経営者が先に気づき、その情報や計画の修正を示さないとき、虚構と現実はますます乖離してゆく。経営者はレモンを知りながらこれを投資家に販売し続けるかもしれない。

計画の遂行段階になると経営者の情報量は投資家に比べて多くなる。すでに実現した結果は、次から次に情報となって流れ込む。売れている商品や売れない商品、請求書や注文書など、計画された事業が、どのように実施されているかを知っている。会計情報の開示は、虚構が現実になるプロセスを明らかにする役割を持つ。会計情報が粉飾されると虚構が実現しているような錯覚を生む。この錯覚が新たな虚構を膨らませ、企業資本の価値を過大評価させることになる。追い求める目的が達成されたのか、未だに手に届いていないのかを明らかにしなければならない。

経営者は、ビジョンを提示し、これを達成することを約束することで資本を集めている。株主は約束の履行を求め、その結果の開示を要求するのである。粉飾決算による利益の水増しは長続きしない。しかし、企業価値が水増しされることで、虚構を実現する新たな手段を手に入れるかもしれない。

株式会社は多数の知識を集める機構を持つ。また、株式を発行し、将来のビジョンが価値を形成するという虚構の促進メカニズムを内蔵する。他方、所有と経営の分離は、経営者の描く未来像と株主の描く未来像に相違をもたらす。それは株主の誤解かもしれないし、経営者による意図的な情報操作かもしれない。ＩＲの意味はどこにあるのであろうか。真実の情報とは何であろうか。株主の期待形成を誤らせる犯罪行為はどこからなのであろうか。

資本価値は何もないところの蜃気楼である。そこに水辺があるという期待ですべての資源が利用される。水辺は蜃気楼のままかもしれないが、行動しなければ砂漠の真ん中にとどまるだけである。喉の渇きを潤すことはできない。経営者は、自らの期待を内外に表明し、経営資源を集めるのが経営者の役割である。従業員を導き、資本の流れを変える必要がある。

株式会社という制度は、人類の英知の結晶であり、その組織設計は、試行錯誤の賜物である。しかし、依然として完成したものではない。会社法の改正に見られるように、経営機構は常に改正されてきた。また、株式会社を機能させるための証券市場の整備や法制度の設計も多くの事件や犯罪の繰り返しのなかで形成されてきた。新たな取引形態や事業の誕生が、新たな経営機構を必要とする。企業を取り巻く環境の変化は、企業組織の制度設計を改良・改善させねばならない。情報通信技術の進歩が、商取引のみならず、株式市場の取引方法や監視方法、株主総会のあり方を変更させる。株券が紙媒体から電子媒体になることも、そうした変化のひとつである。環境変化のスピードが速ければ、その設計変更のスピードも速めねばならない。間断なく続く環境の変化は、株式会社を取り巻く様々な法律や制度設計に関する連続的な知的営みを必要とさせる。

株主の利益と経営者の利益

現実的な仮定よりは特殊な会社の方が本質を理解するのに役立つことがある。ここでは中世の冒険商人をイメージしてみよう。帆船を建造し、貿易を目的とした商品を積み込み、船員を雇い、遠隔地貿易で商品を売却し、帰港すると船も処分して現金にするとしよう。1航海という期間で企業活動が終了する。10億円を共同出資し、航海終了後に15億円の現金が手元に残れば利益は5億円であり、元本10億円を回収している。10人が均等に出資していれば、ひとり1億5000万円の回収である。

ここでの議論には直接関係ないが、冒険商人は地理的な差に利益の源泉がある。しかし、地理的という言葉には多くの問題が隠されている。それは情報と知識の格差である。ある地方で当たり前のものが、他の地域で未知のモノがある。常識を非常識の地に運ぶことで利益が生まれる。情報の格差は、そこで培われた知識の差異でもある。それぞれの地で生産されているモノは、知識の塊である。地理的格差に求められるもうひとつの利益源泉は不確実性である。遠隔地になればなるほど航海の安全は保障されない。悪天候で難破する可能性もあるし、海賊に襲われる危険もある。いずれも利益の源泉である。

話を戻そう。1航海で終了する企業活動では船長の帳簿と出資者の帳簿に乖離は存在しない。しかし、帰港後、船を処分することなく、再び商品を積み込み、船出するとしよう。1

航海の企業活動は2航海のモデルに変わった。出資者の持分はどのようになっているのであろうか。現金15億円の代わりに15億円分の船と商品である。先のお祭りの例示と同じである。このときに期待が問題になる。新たに積み込まれた商品は、遠隔地貿易で販売され、現金化し、帰港後に船を処分すると15億円以上になることが期待されている。少なくとも、最低15億円以上の期待がなければ航海を継続しようとは考えないはずである。

しかし、あなたは1回の航海と考えて出資していたとしよう。現金1億円の出資に対し1億5000万円の回収を期待していた。にもかかわらず、他の共同出資者の意向もあり、航海が継続することとなった。あなたが現金を回収しようとしても、船は商品を積み込んで出港してしまった。もはや現金の回収は難しいように思える。仮に出港前でも現金を回収しようと思えば船や商品の一部を売却しなければならない。しかし、それは容易なことではない。

ところが、あなたは自分の持分を示す証文（株式）を持っていた。帆船の1／10の所有権と商品売却収入の1／10を証明するものである。あなたはこの株式を他人に譲ることで1億5000万円を取得することができる。もちろん、買い手が1億5000万円の価値があると信じなければならない。株式会社の特徴のひとつは出資者の人格と企業の人格が分離していることである。出資者は株式を売却することで出資者としての地位を放棄できる。それでも企業活動は継続できる。企業活動を永続化しつつ、株主は出資した現金を回収できるのである。

2回の航海を終えて船を処分し、すべてを現金化した。総額は20億円になっている。出資者一人ひとりの利益は1億円、回収した現金は2億円である。出資者の持分は増加し、利益を享受しているが、すべての出資者が同じ利益を享受したのであろうか。最初に共同出資した人は9人であり、ひとりは1航海終了時にあなたから持分を譲り受けている。途中から出資者になった株主の利益は、1億円ではなく5000万円である。なぜなら1億5000万円であなたから購入した株式は2億円の現金にしかならないためである。

船長（経営者）は、株主が変わったことには関心がない。10億円の出資を受け、これを2航海で20億円にしたと考えている。第2回目の航海が失敗であったらどうであろう。積み込んだ商品は売れ残り、船の処分価格も下がり、14億円しか手元に残らなかったとしよう。2度目の航海をしなければ利益は5億であったが、2度目の航海をしたために利益が4億円になってしまった。それでも9人の株主は4億円の利益があったと考えるであろう。しかし、第1回目の帰港時に株式を購入した投資家は、1億5000万円の株式が1億4000万円の現金に減額してしまった。この株主は損失を被っている。

出資者の持分が増加すれば利益を獲得したことになるが、株主はそれぞれに購入する時点が異なる。ある株主にとっては利益が計算されても、他の株主にとっては損失を計上することがある。経営者の認識している利益と株主の認識する利益は一致していないのである。

株式会社は継続企業である。次から次と株主が変わるが、法人としての企業は継続して資本の運動を繰り返し続ける。企業は資本の運動で回収されるキャッシュを株主に返還しないかもしれない。実際、株式会社は利益のすべてを配当にしない。資本の運動で回収したキャッシュは、企業に再投資され、現金からその他の資産に形を変える。株式会社は、将来にわたりキャッシュを再投資し、成長をし続ける。少なくとも、貿易を繰り返し、何度も船出を繰り返すことになる。投資家は、将来のキャッシュ・フローを期待し続けるが、実際にはキャッシュを手にしないまま、船が沈没してしまうかもしれない。株式会社でなければ、最初に出資した投資家は、期待をし続けて何も手に入れられないまま大損をすることになる。

株式会社は継続企業を前提とするが、成長し、成熟した後、いつかは衰退し、消滅する可能性がある。株主は、将来を期待しつつ、最後には利益を手にすることなく終わるかもしれない。このリスクは、自らの判断で株式を売却することで清算できることになったのである。この問題は、次の章で株価を使って議論する。

創業者利得が利益の本質

株式会社が上場され、株式が市場で売買されるようになると、創業者に創業者利得をもたらす。それは虚構が資本価値を形成するときに生まれる。ここでは、創業者利得のメカニズムを簡単に説明し、虚構と現実の関係を見ることにしよう。

あなたが1000万円を出資して株式会社を創業した。事業内容は、ネット上の仮想商店街である。パソコンを2台購入し、その他の備品などを準備し、広告費をかけて商店街に入る業者を募った。一般にはリスクを考えて20％の利益率で満足できるビジネスである。つまり、資本コストは20％と評価されている。だが、あなたの仮想商店街は予想以上に好評で、毎年の利益は1000万円、利益率100％が期待された。

永続的に1000万円のキャッシュ・フローが期待されるとなれば、これを20％の資本コストで割引き、企業の資本価値は5000万円になる。あなたは1000万円を出資し、5000万円の持分を獲得している。この差額4000万円を創業者利得と呼ぶ。しかし、この価値は、画に描いた餅でしかない。価値が5000万円といっても、あなたの手元にあるのはパソコンの2台と、その他の備品があるだけである。あなたが創業者利得を手に入れるのは、毎年の利益1000万円を取得したときである。5000万円という将来のキャッシュ・フローを資本還元した値は期待であり、虚構の価値である。この利益を実現するには、実際に時間が経過し、キャッシュ・フローを手にしなければならない。実現するプロセスで1000万円を手に入れることができなければ、虚構は実現されず、虚構の価値は修正されることになる。

しかしながら、あなたの企業はさらなる成長が期待された。年々の利益は1000万円を上回り、5000万円を実現している。今後も、永続的に5000万円の利益が期待されるとしよう。そうした状況のなかで夢が叶い、株式を上場することとなった。上場段階では、起業当時とは異なり、投資家からも信頼される企業になっている。リスクは低く評価され、資本コストは10%まで低下している。株式上場の初値は5000万円の期待利益を10%で割引き、5億円となった。あなたは所有する株式の半数を売却し、2億5000万円を手に入れることができた。

これが錬金術などと揶揄される創業者利得の正体である。しかし、創業者利得は豊かさの原動力であり、正当に評価されねばならない知識・技術の塊である。出資した1000万円は5億円まで価値を増加した。あなたは会社の所有権（株式）を2億5000万円残し、現金2億5000万円を取得した。50%の所有権を残したまま、出資した以上のキャッシュを取得したことになる。もちろん、すべてを売却すれば5億円を手にすることになる。ここでは株式の半数だけを売却したとしよう。2億5000万円は利益の先取りであるが、残された株式の配当は毎年2500万円が期待される。あなたが創る虚構は株式市場で評価された。現金化した2億5000万円は、あなたの懐に入る実現した利益ではあるが、会社がその価値を実現するのは先の話である。あなたが現金化した株は、第三者が所有しており、この所有者にとっては、依然として虚構の価値なのである。基本的に、現実は後からついてくる。このときのギャップが大きいと資本価値の評価に修正が必要になる。虚構が先行し、実業がついてくる。

創業者利得は、虚構の資本価値に依拠している。この虚構は経営者が創造した知的資産である。1000万円の出資を5億円の価値まで高めたのは物的な資本ではなく、経営者の知識・技術などの知的資産である。つまり、経営者は、知的資産のストックを実物出資のように投資したことになる。

創業者利得の考え方は、創業時のオーナー経営者の報酬であるが、この考え方は創業時のみの議論ではない。サラリーマン経営者は、貨幣の出資をしないが、知的資産を出資している可能性がある。ストック・オプションなどによる資本化や経営者報酬に加算しなければならない。経営者が引退後に報酬を受け取る場合でも、それは知的資産の利子と考えることができる。もちろん、その知的資産のストックが能力を継続する限りであり、利子に該当する報酬が支払われる場合である。しかし、効果がなくなれば報酬は支払われなくなる。

中小企業の社長が引退後も報酬を受け取るとすれば、それは同じように利子と考えることができる。そのなかには貨幣資本の出資に対する配当と知的資産の利子部分が含まれている。

(1) 投資評価における回収期間法は、こうした考え方を基礎とするように思える。

(2) 未上場の株式会社の株券は、流動性が与えられていないために、資本の回収可能性が低下する。この可能性の低下はリスクと呼ぶより、取引コストである。市場取引ではなく、相対で売却先や購買先を探すコストは非常に大きいと考えられる。

(3) 06年の会社法から公開会社と上場会社あるいは非公開会社と非上場会社が区別されることとなった。公開会社の定義は、「発行株式の全部または一部に譲渡制限を付けていない株式会社」とされ、上場・非上場とは関係ない言葉となった。

(4) 所有権と使用権の分離とは異なるので注意が必要である。

(5) 有限責任制度はリスクの上限を設定するオプションである。出資額を限度とする有限責任制により、マイナスの残余所得に対しては請求権を行使しなくてもよい。そのプレミアムは残余請求者が負担すべきリスクを債権者である他人資本供給者が負担することになるため、他人資本に支払うコストの上昇として把握される。

(6) バブルの物語については、J・K・ガルブレイス(1991)参照。

第9章　知識を創造する経営者の役割

豊かさをつくる知識創造

現在、私たちが消費する商品は、人類が誕生したときから存在していたわけではない。魚や果物は人類の創世期からあるが、多くの食材は、品種改良や生産技術の改良がもたらしたものである。田畑は、人工的なものであり、漁の方法や調理方法は歴史を重ねた人工的な産物である。生活に必要とされる財・サービスの種類、質および量は、時代により、社会により相違する。自然環境に加え、国や企業の統治構造や仕組み、生活様式、宗教や慣習、年齢や男女比などの人口構成、教育水準などなど、政治的、社会的、文化的特性が生産すべき財・サービスを決定する。人類の知恵が生産活動という仕事のなかに体現されているのである。

仕事は、新たな生産物を作り出す過程で誕生する。魚網に対するニーズがあり、これを生産することになれば、その活動は新たな仕事になる。高い木の枝になる果実を取るための梯子を作ることも仕事である。新しい仕事は、新たな知識や技術を必要とする。すでに、説明しているように、それらが資本価値を有するということは、我々の豊かさに貢献していることを意味する。魚を味わう豊かさが魚網の価値を左右するのである。その生産活動が家族や村人のためのものであれば、豊かさを享受する人々は限られ、知識や技術の広がりも制限される。家族や村人の生産活動は基本的に自給自足であり、生産した価値の高さは自らの家族や村人の欲求水準を満たすための仕事である。衣食住のみならず、すべての生産物は家族や村人が消費し、必要以上の生産を行うことはない。

一方、私たちの社会は交換経済であり、市場経済である。あなたの仕事は、あなた以外の人々が消費するための生産活動である。あなたが豊かな生活を享受するためには、他人の幸福を考えねばならない。企業の経営者は、自分のことではなく、他人の豊かさを考えることで報酬が得られることになる。しかしながら、あなたは自分自身の豊かさや幸福の源泉、自分が必要とし、欲するものを認識しているであろうか。すでに製品化され、豊富に存在するものは、新たに作らなくともよい。不足しているモノが欲しいのである。衣食住に関する不満があれば、これを満たすことが先決である。冷蔵庫、洗濯機、掃除機、テレビが不足していれば、これを作る仕事に従事すればよい。日本の高度経済成長期とはそのような時代であった。経営は難しくない。

今あなたは必要に迫られているものがあるだろうか。全自動洗濯機や大画面のテレビがどうしても必要であろうか。新車を購入しなければ生活できない状況であろうか。新しい衣類がないと外出できないであろうか。日常の生活品は必要であるが、欲しくて仕方がない商品は多くはない。お金があっても、使い道がない人は多い。なんとなくテレビショッピングで購入してしまい、後悔することはないか。自分にとって必要なものが見つからないとき、他人が必要とするものを考えるのは容易なことではない。経営者の仕事は難しくなる。

不便や不満がなくとも、経済が成長するためには豊かさを追求しなければならない。しかも他人の豊かさである。私たちは、人を豊かにし、幸福にするために、仕事をしていることになる。あなたが豊かに暮らすためには、社会を豊かにする仕事に従事しなければならない。それは、あなたの利潤追求が社会の豊かさに貢献するというアダム・スミス（Adam Smith）[1]の世界である。

すでに説明しているように、利潤の追求は容易ではない。利潤を得るための仕事は最初からあるわけではないし、利潤を生み出している仕事も、永続的に利潤を獲得できるとは限らない。環境変化により、不必要な仕事になれば損失を生み、淘汰される。新たな仕事が誕生する一方で、陳腐化した仕事が消滅する。社会に必要とされる商品を競って提供し、社会が必要とする新たな知識や技術を創造しなければならない。金儲けは簡単ではないのである。

成功した多くの経営者は社会に貢献しうる経営理念や経営哲学、あるいはビジョンを有している。それは、私的な利潤追求と社会的貢献が相互に関連性があり、従業員を含めて知識創造に貢献したいという誘引を持つ証拠かもしれない。

アメリカでは日本食がブームである。高いカロリーの食事に慣れたアメリカ人には、すべての日本食はヘルシーな健康食品かもしれない。しかし、寿司や天ぷらは、どのようにしてアメリカの食生活に定着してゆくのであろうか。ピザやパスタ料理が日本で食べられるのはなぜなのか。そこには、原動力となる主役が存在する。寿司をアメリカ人に食べさせたい、アメリカで寿司屋を開業したいという日本人の寿司職人がいたのであろう。寿司職人がアメリカで開業すれば、彼は寿司を握る経営者である。寿司職人は慣れた手つきで寿司を握る。

しかし、寿司職人の技術だけでは寿司屋を開店できない。資金調達方法や会社設立の方法、店舗の契約、広告や店員の募集方法、給与の支払い方、新鮮なネタや米、醤油などの調味料の仕入れ方法を知らねばならない。こうした企業活動にかかわるすべての知識・技術を修得し、寿司文化を輸出しなければならない。新たに作り出された仕事は、新たな技術や知識をもたらすが、それは製品を製造するための工学的な技術のみならず、製品を生産するための組織設計や販売方法などの経営学的な知識を含む。寿司を握りたいというだけでなく、寿司文化を輸出するための経営ノウハウを会得しなければ、豊かさを広げることはできないのである。

ピザやパスタが日本の食卓を飾るには、イタリアの食文化を広める必要がある。輸入業者や国内メーカーがパスタやピザの材料を生産するまでには時間がかかったことであろう。各地の家庭や村々で作られていたものを、異なる地方の人々に紹介し、販売するのは容易ではない。気候などの自然環境が異なり、生活習慣が異なれば食文化は異なる。

食文化の輸入のみならず、新たな商品の輸出入、新製品の開発には、新たな豊かさを認識させるための時間と労力が必要である。生産と消費に関する知識・技術の育成プロセスである。その過程は、ほとんど例外なく、初期のコストがリターンを上回る。コストを上回るリターンの実現期待が、継続的な仕事を可能にするのである。仕事を創造し、継続させ、発展させる活動は、他人を豊かにするための知識を創造することであり、その期待には以下で述べる経営者の冒険と決断、そして情熱が必要になる。

冒険と決断と情熱

他人のための財やサービスの生産・販売には、リスクが伴う。不確実性という言葉で表現してもよいであろう。中世の冒険商人は、危険を冒して商品を山積みし、大海に船出した。もちろん、大儲けしたいという野望に駆り立てられたのであろう。あるいは、各地の文化や伝統を伝えるという高尚な目的があったかもしれない。今では世界各国の商品が簡単に手に入る。しかし、いかなる商品も最初に生産し、販売した人物がいる。はじめて生産し、これを販売しようと思う人は冒険家である。自分の現在の仕事を投げ出して、新しい仕事に従事する。それゆえ、仕事を始めるには多くの犠牲を強いられたに違いない。自らの労働のみならず、様々な生産要素を投入しなければならない。こうした犠牲を顧みず、新しい仕事を開始しても、生活費を稼げないかもしれない。それどころか、財産をすべて失うということもありうる。仕事の創造は、冒険を要求するのである。だが、これに成功すれば、社会に変革をもたらし、シュンペーターの言うイノベーションが実現する。

人々を豊かにする仕事の誕生は市場を作る。市場は、家庭や村々の仕事を多数の人々との交換を目的とした生産活動に転換する。知識と技術の交換である。家族のための仕事は、他人のための仕事になる。ひとつの仕事の誕生は、別の新しい仕事を生み出す原因となる。その波及効果が大きければ大きいほど社会的貢献が高いと評価される。豊かさへ大きく貢献したことになる。自動車は、様々な部品を作る多くの企業を抱える一大産業を形成した。パソコンとその基本ソフトの発明が、IT産業と称される多くの仕事を生み出した。市場の創造は、多くの人との新しいかかわりを作り出すという意味で、社会に大きな影響を与える。

その取引過程は、様々なルールを遵守するプロセスでもある。新商品や新サービスをめぐり、法律や規制、利用可能な技術、自然環境など、その他多くの利害関係者が登場し、社会的な存在となって、社会の価値観や文化、その他の環境要因に影響を及ぼすことになる。冒険家が、社会を変えていくのである。

この冒険家の考察は重要である。あなたが提供しようとする財・サービスは、誰の豊かさを対象としているのか。事業領域（ドメイン）は何か。特殊なマニア向け市場であれば、豊かにすべき人の数は少なくてよい。小規模な生産方法で、ターゲットを絞り込んだ営業活動を選択することになる。儲けは少ないかもしれないが、あなたが満足し、購入者がコストを負担してくれれば十分である。小さな市場は数えきれず、小さな市場であるがゆえに、収入も少ない。少数の人々に貢献できる持続可能な仕組みの構築も、知識の創造であり、資本価値を作り出すことになる。

他方、多数の顧客を対象とする場合、その製品やサービスが受け入れられれば儲けは大きい。既存の製品やサービス市場への参入には、多くの競合企業が存在し、勝ち残るための仕組みを構築しなければならない。競争優位を確保するための知識や技術を持たねば冒険というよりは無謀な行為である。新規に開発した画期的な商品を売り出す場合、その営業努力は簡単ではない。画期的商品は、その説明だけでも大変な労力が必要である。商品説明をしているうちに、資金が枯渇し、事業が継続できなくなるかもしれない。

新しい仕事の構築は、誰もが熟知していないニーズや生産・販売方法、組織設計などを発掘してゆく知的探究心と、その結果である新しい知識の伝達を伴う。知識の創造と伝達は冒険的な営みである。製品・サービスの開発者の意図は伝わらないかもしれない。あるいは、開発者の思い込みに過ぎないものかもしれない。しかし、あなたが冒険家であれば、この仕事を楽しむことができる。成功した多くの経営者は、この冒険をリスクや不確実性ととらえるのではなく、情熱を傾ける対象と考えている。犠牲を厭わず、苦労を苦労と感じないで仕事に邁進する経営者が仕事を作り出していく。企業家もしくは起業家と称される人々である。

彼・彼女らはわくわくしながら仕事をし、リスクを怖いものと考えずに決断するのである。そこには強い確信があるのかもしれない。こうした期待がなければ何も始まらない。それでも、豊かさに貢献できる冒険は多くない。多数の企業が創業し、多数の企業が消滅する。順風満帆であった企業が、いつの間にか姿を消している。企業の寿命は30年などといわれるが、数百年の歴史を持つ老舗企業から数年ないし数ヶ月で消滅する企業まで様々である。利潤を得る仕事は、容易には見つけることができない。そして、たとえ利潤を稼げるビジネスを発見したとしても、継続して利潤を得ることは非常に難しいのである。経営者の決断は資本に価値を与えるか否かで評価される。

知識を束ね目的を与える

あらゆる財・サービスは、ひとつの企業組織内における多くの人々の仕事が相互に結びついた成果物である。そして同時に、企業外の市場取引関係の結果でもある。それは、様々な人が関与する分業の体系であり、多様な知識・技術の集大成である。ひとつの仕事の塊を企業とすれば、多くの企業間取引が行われる過程で、新たな知識・技術が作られ、取引関係が変化するときに企業内外の知識・技術の体系が変化する。

家電製品や自動車は数えきれない部品から構成されている。最終的な自動車を組み立てるまでには、多くの企業間取引が行われる。原材料を供給する会社、電装品、タイヤ、エンジンの周辺部品、その他多様な部品が集められ、ピラミッドの頂点で組み立てられる。自動車の完成という目的のために、知識・技術が細分化され、専門化すると同時に、これをひとつの自動車に集約していく。

各企業は、単純なものから複雑なものまで数えきれない種類の仕事をこなし、それぞれに固有の技術や知識を持っている。単純な仕事から複雑な仕事まで多様である。平易な仕事から高度な専門的知識まで散在する。単純で平易な仕事に比べ、複雑で高度な専門知識を要する仕事は相対的に価値が高いと思われよう。しかし、どのような仕事も、目的を失えば価値がない。百科事典や辞書を暗記していても、目的に応じた使い方ができなければ、いかなる知識も無価値である。経営者は、各知識・技術に目的を与えることで、資本として評価される価値を作り出すのである。

数えきれない複雑な知識の体系のなかから、何をするか、誰の豊かさを追求するかという目的の発見は難しい。それは、ひとつの仕事の塊である企業を作ることであり、散在する知識と技術を束ねることを意味する。靴屋を創業する場合、靴の知識に詳しいことは当然である。しかし、なぜ鞄屋ではなかったのか。あるいは、八百屋や魚屋を選択しなかった理由は何か。靴屋に決めれば、靴の仕入先、靴の販売知識や接客術、靴の手入れ方法や保管方法、それに修理方法や修理専門店、経理や給与の支払いなどの靴屋の知識に集約していかねばならない。それは、複雑な体系ではあるが、私たちの社会には簡略化したシグナルがある。それは、インプットとアウトプットの差を発見することである。つまり、コストとリターンという単純な情報に変換することになる。

すでに存在する仕事でも、利潤が得られる仕事であれば価値がある。新しい仕事も同じである。分業の体系は、最終的には私たちの豊かさのためにある。あなたの始める仕事が利潤を稼げるのであれば、社会の豊かさに貢献していることになる。利潤を得ることができるか否かである。仕事の知識・技術を単純化し、共通用語である利潤情報に集約させるのは経営者の役割である。

複雑に絡み合った仕事とそれを取り巻く無限の知識と技術の情報を利潤情報に転換するのが経営者の役割である。ひとつのビジネスは企業を取り巻く環境に位置づけられる。自然環境のみならず、法的な環境、経済的環境、社会文化的環境、科学・技術的環境が情報を発信している。網の目のような様々な企業間関係が形成され、同時に企業を取り巻く多様な利害関係が質量の異なる情報を提供している。こうした情報を取捨選択し、利潤に集約させるのが経営者なのである。

利潤を得るための経営者の役割は重責である。資本主義社会は、私有財産の交換を通じて利潤を獲得する仕組みを持つ。それぞれの交換は、他人の所有権との交換であるため、交換当事者は双方とも損失を回避する交換を期待する。これが市場競争である。市場に参加する人は、市場競争に生き残り、市場を出し抜くことを学習や経験により学ばねばならない。市場を出し抜くとは、詐欺などの犯罪行為ではなく、市場が有する知識や技術を陵駕することで、交換を通じて同等以上の価値を確保することを意味する。

市場で成立する価格は、こうした情報の多くを集約する。たとえば、あなたは熟慮の上、IT革命がペーパーレス時代を到来させ、紙の需要減少により紙パルプの原材料価格を下げると予想したとしよう。しかし、実際には複雑な取引関係が発生した。情報量の拡大は紙の需要を増加させ、さらには環境対策やリサイクル問題で、包装容器の石油製品から紙製品への代替が生じ、紙パルプの需要を拡大することとなった。こうした情報は様々なルートを通じて紙や紙パルプの価格に反映されることになる。高性能のスーパーコンピュータでも分析できないような些細な情報が価格に反映されてくる。消費者が欲しがる靴のサイズ、色やデザインも価格情報に織り込まれる。人気のない色やデザインは売れ残り、原価を下回るセール価格で販売される一方、人気商品にはプレミアがつくこともある。この価格情報により、コストとリターンの差を発見し、必要な財・サービスと要求される知識や技術を発見することができる。

価格情報は、多くの取引が行われ、市場取引が活発になればなるほど正確なものとなる。この各自が取引に必要な情報を収集・解析し、価格を適正な水準に調整させるからである。この価格を均衡価格と呼ぶ。それは取引参加者に、必要な情報が伝達された結果でもある。新たな情報が伝達されると均衡は変化する。そして、新たな情報の収集・解析・伝達により、従来と異なる活動が生じれば市場の均衡は破壊される。各市場参加者の情報探索活動により、新たな情報が普及していく。この均衡模索プロセスを通じて新たな市場均衡がもたらされる。このプロセスのなかで能動的に活動するのが経営者である。

経営者の必要な知識と情報は、資源の種類と調達方法、これを結合する生産方法、そして、販売場所や販売方法の選択というものである。社会全体の分業体系を詳細に知る必要はないが、分業の一端を担う取引である以上、そのための知識・技術は固有のものであり、その優劣が企業の存在価値を決めることになる。固有の知識や技術が利潤の源泉であり、優位な固有の知識・技術は超過利潤をもたらし、劣位のそれは損失を生む。

企業に固有な知識・技術は、コストとリターンの情報として体系化されている。市場で購買し、市場で販売する。市場と市場の間に介在し、両者を連結するピンの役割を果たすことにより利鞘を得ることができれば、その仕事は資本としての価値を持ち、社会を豊かにする知識となる。連結ピンは、コストの引き下げや、品質を向上し、数量を増やし、リターンを増加させるときに存在意義を持つのである。それぞれの連結ピンが知識を発信し、受信する役割を担っており、分業体系の知識は分権化されていることになる。

あなたが、個人企業を起業する場合、あなたの持つ知識・技術が市場にとって存在意義があると認められるとき、すなわち、競争相手に優るとも劣らない知識・技術を有するときに、あなたは連結ピンになれる。市場の分業体系のなかで、ひとつの役割を担えることになる。経営者による知識の分権化は、自らの組織が担うべき知識をひとつの塊として体系化することである。それが、企業の目的になり、組織構成員の知識を束ねることになるのである。

知識の育成と囲い込み

経営者の決断は、資本を集めると同時に、この資本が他に流出しないような魅力を構築しなければならない。投資家に資本を流入させ、企業内に留まらせるには、当該企業の活動により、知識・技術が育成され、さらにこれが発展するであろうという期待を抱かせることである。株式会社化は資本に流動性を付与させることで資本を囲い込み、永続的に利用する仕組みを構築したが、一方で、人材の流動化を伴っている。

経営者は、株式価値を最大化するために、常に最適な経営資源の結合を図らねばならない。目的に合致しない知識・技術を有する人材は必要なくなる。目的が変更すれば、新たな人材が必要になる。短期志向で経営する場合には、必要な人材を必要なタイミングで雇用することがベストである。しかし、人材の流動化は、知識・技術の流動化である。人材が流動的になればなるほど、知識・技術の囲い込みが難しくなり、企業から流出する可能性がある。継続企業が知識・技術を企業外部のみに依存して存続意義があるであろうか。

経理や法務、システム・エンジニアなどに関する専門的知識・技術は汎用性があり、企業内で育成しても条件次第では他の企業に就職先を求めるであろう。公認会計士や税理士、弁護士などの資格を持つ人材は、独立することで社会的な豊かさに貢献する。企業で囲い込むことで知識を独占することができるとしても、同じ能力で10社あるいは50社の業務をこなせるとすれば、企業の囲い込みコストは10倍から50倍になる。それは、無駄なコストを負担することになる。こうした汎用的な能力は、アウトソーシングが可能であり、競争的な価格体系を構築する。

企業が価値を持つのは、分業の一翼を担うためである。分業は、それぞれが専門化した知識・技術を持つことを前提としていた。分業が進めば進むほど知識・技術は特殊なものとなり、汎用性を持たなくなる。ラーメンのスープに卓越した能力を持つ職人は、そば汁には長けていないかもしれない。とんこつ味のラーメンスープを作る匠は、醤油味のスープにその能力を活かせないかもしれない。こうした企業に固有の特殊な知識や技術を持つ人材を育成するのは経営者の役割である。自社の自動車やパソコンに特殊な技術を施すことで競争優位に立つことができる。しかし、その特殊性が高まると、その知識・技術を有する人材はその企業以外では価値を持たなくなる。高度な専門化の進展により、特殊な知識を有する人材は他企業では価値を失ってしまう。

個別企業に特殊な知識・技術は、工学的な技術のみを指すわけではない。特殊な部品を生産している会社には、これに相応した営業方法が必要になり、そのための組織設計が要請される。たとえば、人工心臓に使用される特殊部品を製造する会社は、高度な専門技術を必要とするが、その販売先は1社しかないとしよう。買い手独占に対応した営業方法とそのための組織を設計するであろう。その営業ノウハウや組織は、他の企業とは異なるものである。

ブランドを確立している靴屋は、自社ブランドの靴がどのような洋服や鞄、装飾品と関係があるのか、その他、出店場所や販売方法に関するノウハウを蓄積している。価格競争の真只中にある製品を販売する営業スタッフは、ブランド品とは異なる販売方法を会得している。高額商品や廉価品などに、それぞれの広告手法がある。スーパーには、スーパー特有の商品陳列方法があり、百貨店やコンビニとは異なる知識を有している。

企業の活動は、それぞれが個別的で特殊な知識・技術を有しており、その能力が将来のキャッシュ・フローにつながるときに資本価値に反映される。結果として、従業員の知識・技術が特殊になればなるほど労働市場は流動的でなくなる。人材を固定化することで、企業は競争優位を発揮できる企業固有の特殊な知識・技術を社内に囲い込むことができる。分業経済における企業の役割が専門に特化することであるとすれば、知識の流出は企業の存続にかかわることになる。

他方、知識・技術に汎用性がなければ、従業員は社外に雇用先を求めることができない。特殊な知識・技術を高度化しても受け入れ企業は類似の組織や製品・サービスを持つ同業種になるであろう。そのため、企業は、業界平均以上の高い人件費を支払う必要はない。しかし、競争優位を確立するためには、そうした短期的な思考から抜け出すことが必要である。

組織内で特殊な知識・技術を必要とする業務が魅力的でなければ、優秀な人材は汎用性のある別の業務を希望するであろう。競争優位をもたらす特殊な知識や技術を企業組織内で育成できず、これを蓄積できなくなれば、企業の存続する意義はなくなる。経営者は、高度に専門的知識を有する従業員を育成すると同時に、彼・彼女らが組織に忠誠心を抱き、組織に貢献し、組織に留まりたいという誘引を与えねばならない。経営者には、人材と組織を維持し、これを管理するという高度な経営ノウハウが必要なのである。

契約の束と資本価値

分業体系は、誰が、何を、どのような取得方法で、どれだけ消費するか、という消費活動と、誰が、何を、どのような生産方法で、どれだけ生産するか、という生産活動との同時決定である。それは、社会を組織する主体間の契約関係のあり方を反映したものであり、この組織の仕組みを形成するには歴史的な時間が必要である。

契約関係は、取引を行うためのルールである。明示的な契約関係もあれば、慣習化している暗黙のルールもある。取引慣行を経験学習してきたメンバーには周知の参入方法、周知の取引方法であっても、外部のメンバーには参入障壁や取引慣行の不透明さとして認識されることもある。市場の売買契約のみならず、組織内部の取引も様々なルールがあり、それが多様な実務となり、それに従事する人々の慣習化した仕事となっている。企業の組織変革や契約関係の変更は、新たな仕事のマニュアル化を必要とし、その浸透までには混乱が生じる。新しいルールを学習し、ルーチン化した業務として無意識のうちに行動できるようになるまで、生産や消費活動は混乱し、時間のかかる活動となる。その混乱の程度は、均衡模索活動の時間や規模に現れ、新旧の知識が交代する大きさになる。

契約関係は単純な契約から複雑な契約関係に発展し、知識を深化させてきた。自給自足モデルでは、契約は自分自身との契約である。生産者は消費者と労働者、資本家、そして経営者を兼ねている。生産と消費が分離すると売買契約が必要になる。生産者が労働者と資本家兼経営者に分離し、さらに資本家と経営者が分離する。雇用契約や出資契約、金銭貸借などの契約関係が生じる。資本家は出資者と債権者に、経営者もトップとミドル、ロワーというように分類され、契約関係を複雑化する。この複雑化はコストを伴う一方、専門知識を育成し、資本効率を高め、消費を豊かにする。企業は契約の束として認識され、その契約関係が資本価値を形成することになる。企業の目的と手段、そして意思決定の仕組みは、いずれも利害関係者間の契約関係とみなされ、その良し悪しが企業の優劣となるのである(2)。

それだけに、契約関係の構築は経営者の重要な仕事となる。仕事の役割分担を決定し、契約関係を構築するために、情報の収集と分析をしなければならない。だが、情報収集のコストをいかに負担しようと、最終的な財・サービスの売上を事前に知ることは困難である。不確定な将来の売上を予測して現在の資源を投入しなければならない。情報収集と分析、そして意思決定と情報伝達は無限の選択肢を持つ。現在および将来の事象を完全に把握し、その詳細を契約書に明示できれば良いが、実際にはこのような完備契約を結ぶことはできない。しかし、その状態を放置すれば分業は機能不全を起こすことになる。そのために、予期しえない様々な偶発的事象に対応する契約、すなわち明示的契約以外の事態に対処する暗黙的契約関係が必要になるのである。

このような暗黙的契約に対するコントロールと執行を行うのが経営者である。経営者の役割は、分業が機能不全に陥らないように市場機能を補完することにある。不確実（不完備）な市場では、明示的な契約関係だけではスムーズな経済活動ができず、暗黙的契約を遂行する組織が必要になる。経営者は、分業により深化する専門化を様々な契約で有機的に統合化し、連結させることになる。企業が組織として成立する理由は、個々の取引に関する契約関係が不完備契約を前提とするためである。

市場の分業も企業内分業も、すべての目的―手段の連鎖をひとりで担うことが非効率的であるために参加者間の契約関係を構築する。そこには、目的を有する依頼人（プリンシパル：principal）とこれを達成するための代理人（エージェント：agent）の契約関係が生まれる。

プリンシパルが仕事内容を決定し、これをエージェントに委託する分業関係の成立である。命令と服従、委託と受託、注文と請負などの関係、株主と経営者、上司と部下といった間には利害の不一致があり、プリンシパルが期待する結果とエージェントの実現する結果には乖離が存在する。エージェントへの依頼は、プリンシパルの利益を損なうことがあり、これをエージェンシー・コスト（agency cost）と呼ぶ。分業という契約体系が効率性を保つためにはエージェンシー・コストを最小化する組織設計が必要になる。経営者の役割は、利害関係者間の契約関係を最小のコストで最大のリターンを得られるように調整することといえる。

ところで、分業には垂直的分業と水平的分業があるが、それぞれが複雑に絡み合って分業全体の体系を構築している。垂直的分業を見ると、一つひとつの仕事を順次引き継ぎ、製品やサービスを受け渡し、最終的には完成品にしなければならない。そのプロセスでは、情報収集や多様な利害関係者間の明示的・暗黙的契約が結ばれ、保管や輸送を含めた様々なコストが発生する。それは分業経済を運営するためのコストであり、取引コスト（transaction cost）と称される。(3) 売買活動は、情報収集や契約が必要になる。販売目的で必要な営業費、資材の調達にかかる費用、顧客や業者間との連絡にかかる費用、契約に必要な印紙税、その他様々なコストを負担してひとつの所有権が移転する。それゆえ、取引コストが異なれば稼ぐ利潤は相違することになる。しかし、交換という取引は、市場取引のみならず、組織内の取引でも発生する。組織内の取引コストが市場取引より低ければ、市場取引は組織の取引に置き換わる。経営者の仕事は、取引コストを最小化することでもある。

知識・技術に優るものが市場取引を組織の取引に置き換えることができる。つまり、連結ピンになり、市場から調達し、生産して、市場に販売することができる。競合企業の知識・技術が優る場合には、収入を実現できない。自社のコストや価格が高く、自社の質が劣るということであり、知識・技術が劣位にあるため、市場取引に委ねなければならなくなる。こうした取引に関する知識が学習期間を要しないのであれば、参入障壁の多くは取り除かれ、競争相手の参入が容易になる。競争優位の源泉となる知識・技術がないため、資本の価値も生まれない。経営者の能力あるいは企業家能力（entrepreneurial capacity）は、彼・彼女らの知識・技術の取得（学習）に時間がかかるからこそ価値を持つのである。

連結ピンは企業組織というひとつの知識体系であり、この組織のなかでは計画に基づき購買・生産・販売の活動が命令系統によって維持される。もちろん組織内には集権的な命令系統のみならず、分権的な意思決定システムも機能している。この意思決定システムが効率的に機能しなければ、購買・生産・販売といった資本の運動が円滑に行われず、コストの増加を招く。将来キャッシュ・フローが減少し、資本の価値が低下することになる。

組織の運営は、経営能力のひとつである。企業は、知識・技術が組織の運用者に集約され、経営者により一元的に管理される。市場は、知識・技術が分権的に所有される。市場の分業組織を企業という組織内分業に置き換えることにより、取引コストを下げることができれば、企業は連結ピンになる意義がある。それは資本価値の創造である。

経営者は、ビジネスを開始するために必要な経営資源を結合しなければならない。その利用にあたり、生産要素の所有者に対価を支払わねばならない。資源の所有者は、これを売却することもできるし、賃貸することができる。経営者は、ビジネスの目的とこれを達成するための資源の結合方法に賛同する出資者を募り、残余所得の請求者になってもらわねばならない。残余所得は、事前に契約された支払いを清算した後に残る所得である。売上予想が大きすぎれば、そのための生産要素の準備も大掛かりになり、事前に支払いを約束すべきコストが増大する。実際の売上が予想を下回れば残余所得はマイナスとなり、出資者は持分を減少させることになる。逆に、売上予想を上回る実績値は、残余所得をプラスにし、出資者の持分が増加する。すべての残余所得の量と質は、売上予想に基づいて設計される生産要素の結合に関する契約関係により決まり、ここに各企業の特徴が見出せることとなる。

この契約関係は、経営能力ないし企業家能力を反映して締結される。それは、何を、どれだけ、どのような方法で生産し、販売するのか、そのための資金調達や雇用および人事管理、組織の設計など、インプットをアウトプットに変換する関数(4)の形を決定するものであり、期待残余所得と期待契約所得の差異を生じるものである。この差異は経営者の知識・技術の期待所得である。この差異が単に市場の不完全性や一時的な均衡からの乖離であれば、ここで問題となる経営能力の評価は意味がない。経営能力の相違が恒常的な差異として成り立つことが重要なのである。そうでなければ特定の企業を特徴づけるものではなくなってしまう。経営者の知識・技術を示す経営能力は、資本価値として市場評価に織り込まれねばならない。

経営者による利潤創出

これまで利子と利益ないし利潤を区別してこなかった。最終章を残す段階で、それぞれの関係を整理しておこう。利子は資本の報酬であり、その意味では利益も利潤も同じ使い方で問題はない。利益は、一般的な用語であり、企業の経理や会計担当者が使用する言葉である。営業利益や経常利益、当期純利益などである。利潤という言葉も一般的ではあるが、経済的な文献に使用される頻度が高い。この利潤は正常利潤と超過利潤に区別することがある。正常利潤はリスクを含む資本コストであり、資本価値を評価するときに使われた割引率である。

将来の永続的な期待キャッシュ・フローが100万円で、資本コストが10%であれば、資本価値は1000万円であった。この資本価値を1000万円の支出で獲得できるのであれば、毎年10%の利子を取得できる。1000万円の支出をして、1000万円の投資に見合うキャッシュ・フロー100万円を得ることになる。期待された通りの利子であり、資本コスト相当の利潤、すなわち正常利潤を稼ぐことになる。しかし、この投資が500万円の支出で実施できればどうであろうか。前章に説明した創業者利得である。投資時点で500万円の創業者利得が得られることになる。創業者利得は、企業の創業時や上場時に使用される概念であるが、より一般的な投資の評価においては正味現在価値（Net Present Value：NPV）と呼ばれる。500万円を支出して1000万円の現在価値を獲得するため、差額の500万円の正味現在価値は企業価値のプラス部分として、出資者の持分を増加させる。

この投資は、見方を変えれば次のようになる。資本コストが10%のとき、500万円の投資は毎年50万円のキャッシュ・フローを稼ぎ出せば十分である。しかし、この投資は100万円を稼ぎ出す。差額50万円は、正常利潤を越える超過利潤になる。創業者利得や正味現在価値は、超過利潤を現在価値にしたものである。投資資金が期待するキャッシュ・フロー50万円を越えるキャッシュ・フローということである。

ところで、企業の価値は、企業が稼ぐ期待将来キャッシュ・フローを資本コストで割引いた現在価値であった。株式の価値は、この企業価値から債権者の持分を控除したものである。企業価値が10億円で、借入金などの債権者の請求権が3億円であれば、7億円が株式発行時価総額ということになる。発行株式数が1000万株であれば、1株の株価は70円になる。企業の活動に変化がなければ、株主の持分7億円は変化しない。株主の資本コストが10％であり、内部留保がなければ期待配当7000万円である。[5] 株主は、企業の経営が期待通りに進行すれば10％の資本コスト相当額を手に入れることになる。

この企業が正味現在価値1000万円の投資を実施したとしよう。株主の価値は7億1000万円になり、1株の株価は71円になる。[6] 株主の持分は全体で1000万円、1株当たり1円増加したことになる。株主への期待配当は100万円増加し、7100万円になる。毎年の超過利潤は100万円である。

超過利潤は経営者によるサプライズである。新たな知識・技術を創造しなければサプライズはない。開示された経営者の知識や技術は市場で評価されており、1株70円のなかに織り込まれている。70円は有形・無形の資産が稼ぎ出す将来キャッシュ・フローを割引いて計算されているため、既知の経営能力が資本価値になっているのである。既知の情報に加え、経営者による新たな提案や経営戦略、新規投資計画が、新たな知の創造であるときに、超過利潤が発生する。イノベーションのない投資計画では、投資額と資本価値の増加は等しく、正味現在価値ないし超過利潤は稼ぐことができない。知識の創造というサプライズがなければ市場は超過利潤を期待しないのである。

反対に、資本コストを稼げないという予想は、株主の持分を減少させる。経営者の知識・技術の相対価値が劣化したことになる。株主は、流通市場を通じて所有権を移転させるが、各株主は購買時点で企業の将来キャッシュ・フローを期待し、投資価値を決定している。プラスのサプライズで超過利潤を獲得し、マイナスのサプライズで超過損失を被るのである。個々の株主は購買時期と購入価格が異なるため、個々の株主が享受する利潤は異なっている。ある時点の株価は、ある株主にとっては超過利潤をもたらす一方、他の株主には損失を被る水準かもしれない。

70円で購入した投資家は、71円に上昇することで超過利潤の現在価値を獲得し、株主の持分が1株につき1円増加したことになる。しかし、71円で購入した株主は利潤を享受できない。株主は、株価の上昇と下降のたびに、将来にわたる利潤と損失を清算している。株価が下がれば損失を被るが、そこから上昇すれば敗者復活になる。株主は、経営者の認識する利益とは異なる形で持分の変化を認識しているのである。

このことは、株主のすべてがそれぞれの時点で利潤・損失の関係を清算し、将来に向かった経営者の意思決定に注目していることにもなる。株主は、機会費用[7]の考え方で意思決定できるのである。それゆえ、株主視点に立つ経営は、過去の失敗にとらわれず、前向きな志向により意思決定すべきである。不特定多数の株主の利潤を確保し、超過利潤をもたらすよう、常に現状の株価を高めるような知識の創造に努力しなければならない。

リスクの負担構造が資本価値を創出

本章の最後にリスクの問題を取り扱うことにしよう。リスクは小さい方が好ましい。しかし、リスクをゼロにすることはできない。社会はリスクを負担する構造を模索し、経営者はリスクを最小化する仕組みを構築しようとする。経営者にとってリスクの最小化が企業価値の上昇に結びつくことを知っているからである。

さて、不確実性やリスクは、最終消費財がいかなる価格でどれだけ販売されるかが予測できない状況に原因がある。(8) 予測不能な最終消費財のために、分業体系のなかにある個々の企業資本が分担してリスクを負担する。個々の活動主体にとって情報は均一ではなく、情報の量や内容の相違が各主体のリスク要因となる。各企業は、取得した情報を分析し、意思決定するが、その結果の多様性がリスクをさらに増幅させることになる。

将来事象のすべてを確率的事象で表現でき、一定の発生確率に基づく保険料率が算定可能であればリスクは処理可能になる。しかし、企業の市場競争は経験的な確率分布を持たないような新たな取引や製品を生み出すため、客観的な確率計算に還元することはできない。たとえ、あらゆる条件を考慮できたとしても、条件ごとに異なる市場を形成するには取引コストがかかりすぎる。予想できない偶発的な問題の発生や、取引主体ごとの契約関係に還元できない問題が発生するため、これらに対処する経営者のリーダーシップが要請されるのであり、同時にリスクを請け負う経済主体が必要とされるのである。

各経済主体のリスク負担は、所得を受取る順位や方法を決める契約に依存する。所得の受取り順位が他に優先されるならばリスクは小さくなる。また所得の一部もしくはすべてを担保できるような契約はリスクを削減できる。反対に、所得の受取り順位が劣後にあればリスクの負担は大きくなる。

社会主義経済は、社会の構成メンバー全員で平等にリスクを負担する組織設計になっている。[9] 資本主義経済は、出資者ないし株主の所得を残余所得とすることで、彼らがリスクを担う方法を設計した。もちろん、株式会社制度は、そのリスクを削減することに成功している。経営者は、株式会社の仕組みを前提とした上で、さらにリスクの削減に取り組んでいる。基本的に、売上に柔軟なコスト構造を作り上げることがリスクの削減につながる。それは、リスクを最小化する契約関係の模索である。

従業員との雇用契約、機械や設備、店舗や土地の利用方法を景気や売上に応じた形にすることでリスクを軽減できる。将来の環境変化に応じたオプションを設定できれば、柔軟性が増し、企業価値は高まる。大企業の経営者は、下請け企業や孫請け企業にリスクを負担させる構造を作り上げてきた。組織を大きくするのではなく、下請け企業へのアウトソーシングにより、需給の調整を実現する。売上が増加すれば下請けの注文を増やし、売上が減少すれば注文を減らす構造である。従業員や設備の固定費を減らし、この固定的費用を下請けに負担してもらう構造である。固定費の流動費化がリスクを削減するのはすでに説明した通りである。資本コストを軽減することができれば、企業の資本価値が高まる。

上場企業の株主は、株式の分散投資によりリスクの軽減を手に入れた。有限責任制度はリスクの上限を設定するため、企業により高いリスクの投資政策を選択させることになる。なぜなら、成功したときの正の所得は無限大の可能性を持つのに対し、失敗したときの負の所得は出資額に限定されるためである。しかし、経営者は必ずしも高いリスクの投資政策を採択するとは限らない。経営者や従業員の報酬は、事前に契約されたものであり、成功した場合にも株主のような無限の所得を得られるわけではないし、失敗した場合には所得の低下や解雇の可能性を有する。経営者は、企業を取り巻く利害関係者との契約を結ぶ主体を演じるが、経営者自身が企業と運命を共にする傾向を持つ。従業員と同じく、企業が倒産すれば所得機会を失うことになる。経営者や従業員は固有の企業と契約を結ぶため、リスクを分散できない。彼・彼女らのリスクは、消費を延期することによるリスクではなく、消費できなくなるリスクである。契約通りの所得が保証されたとしても、雇用関係が継続できなくなれば恒常的な所得機会を失うことになる。

また、債権者も同様の選択をする。企業のリターンが高くとも、債権者の所得は事前の契約で固定されているからである。高いリスクの投資計画を実行する企業には、従業員も他人資本も制限されることになろう。

このような利害関係者の選好が株主の選好に抵抗する。所有と経営が分離するということは、経営者や従業員と株主との間に利害対立が生じ、その調整が必要になる。事業の多角化は経営者や従業員のリスク回避行動である。株主が比較的コストをかけずに分散投資できるにもかかわらず、企業はコストをかけて事業を多角化し、リスクを分散化させるのである。選択と集中を進めることは、株主重視経営に合致するが、経営者や従業員が好む政策とは限らない。極端な選択と集中は、経営者や従業員にとって危険な賭けである。しかし、選択と集中がなければ知識・技術の競争優位を確立できず、市場競争に勝ち残ることはできない。

他方、所有と経営の利害が一致するベンチャー・ビジネスは、従業員数も多くなく、株主の利益が相対的に優先される。リスクの高い分野に投資を集中させ、高いリターンを稼ぐ成長戦略が採用される。組織を大きくするためには、リスクを取ることが必要になる。優秀な人材を確保し、同時に株主のリターンを確保するのは、経営者の管理能力である。

資本主義経済や社会主義経済、あるいは資本主義経済でもアメリカとヨーロッパ、日本では企業を取り巻く法律や規制が異なる。この社会システムの相違は社会におけるリスクの負担構造を決めている。企業を取り巻く様々な法律により、株主や債権者、雇用者などのリスク負担構造が決まる。社会のシステムは、その下位システムである企業の仕組みと、そのリスクの負担構造を決めている。各組織は、その目的を効率的に達成させるために、ステークホルダー間の契約関係を模索・調整し、リスク負担構造を決めるのである。

経営者の役割は、リスクとリターンの負担構造を決定することなのである。リスク負担構造に関する経営ノウハウは、試行錯誤的な結果として蓄積されてきたものかもしれない。あるいは、慎重な組織設計や契約関係の創意工夫の結果かもしれない。いずれにしても、経営者の能力がリスクの大きさを決め、企業の価値に影響を及ぼすのである。

（1）Adam Smith（1937）

（2）リアル・オプションの理論に見られるように、契約関係によって意思決定に選択権を設定できれば、企業の資本価値は増加する。

(3) 取引コストの理論は、R. H. Coase (1937), "The Nature of the Firm", *Economica*, Vol.4. に始まる。取引コストの定義には以下のものがある。①価格メカニズムを用いるための費用。②所有権の交換にかかる費用。③制度や組織の創造・変化およびそれらの使用に必要な費用。④不完全情報のために生じる資源の損失。

(4) 経済学では、この関数は生産関数として議論される。それは、インプットをアウトプットに変化する工学的関係のみならず、組織や経営ノウハウなどすべての技術的関係を含む。

(5) 内部留保が行われた場合でも本質的な差異はない。

(6) 新株発行増資により資本調達を行う場合、この株主の価値は増資前の株主の持分である。

(7) 機会費用は経済学の費用概念である。それは、ある生産要素を特定の目的に使用することで諦めねばならない最大の収益である。たとえば、大学で授業を受けるときの機会費用は、授業に出席しないで得られるアルバイト代かもしれないし、レジャーを楽しむことかもしれない。授業への出席を決めれば、いずれか最大の収益を得られるものを諦めねばならない。ひとつの選択は、他の選択肢の犠牲の上にある。この最大の犠牲をコストと呼んでいる。それゆえ、過去に支払った授業料や入学金などの取り返すことのできない埋没費用（サンク・コスト）ではなく、未来志向の概念である。

(8) 将来事象を確率分布でとらえられる場合をリスクと称し、不確実性と区別することがある。

(9) 各生産要素提供者が、それぞれ同じようにリスクを負担する構造を仮定してみよう。労働者は、労働サービスの報酬を財・サービスの販売を待って受取ることになる。土地所有者も、地代収入の受取りを生産物の販売まで待機する。生産手段としての資本の所有者も、利子所得を収入実現まで待たねばならない。期待された収入が実現しない場合、各生産要素提供者の所得は少なくなる。しかし、この議論は労働者と地主の定義のなかに資本家が混在している。いずれも所得の受取りを待たねばならず、過去の貯蓄が必要になる。貯蓄がなければ、所得を受取る前に提供できる労働時間は極めて短時間に限定される。現在の所得を断念し、将来の所得を期待したことになる。これは資本家の機能である。地主も同様である。

戦後の日本は、欧米に追いつけ追い越せを目標にしたキャッチアップ経済であった。企業は、すでに欧米が製品化している財・サービスを模倣し、低賃金労働で安価に生産する廉価な市場における競争を選択した。否、模倣したとしても、製造技術や製品の品質を向上させるのは容易ではなく、欧米と同等の品質を確保するには時間が必要だったのである。戦後の日本企業の製品は、安価ではあるが二流、三流の商品で競争する以外に道がなかったのである。しかし、低賃金の不熟練労働と機械の組み合わせによるコスト競争は、次第に品質改善の競争を伴うことになる。

それでも、キャッチアップ経済における製品模倣は価格競争が主体となる。品質改善のためのコストは必要になるが、新製品の開発コストを負担しないために、企業の戦略は市場シェアを確保する規模の追求が中心となる。単なる模倣は、新たな知識や技術の創造ではなく、伝達にすぎない。一方、新製品の開発は、誰のために、何に役立てるものかを考え、そのアイデアをモノにする知識創造のプロセスである。電気洗濯機や電気掃除機、それに冷蔵庫は、いずれもモーターと組み合わせた家電製品である。その組み合わせが思いつかねば製品化にはならない。しかし、ひとたび製品化されると、モーターを生産し、その他の部品を組み立てることで簡単に模倣できる。髭剃りの2枚刃も同様である。

日本は、欧米の製品を輸入し、分解し、類似の部品を安価に作り、これを組み立てる。新たな知識や技術を生み出す必要はない。分解と組み立てという作業が製品開発であるとすれば、開発と製造の現場は、同じ知識と技術を持つ従業員である。同質の人材が協力して生産活動を営むため、所得の差は年齢や就業経験によるものとなる。個性は必要なく、一致団結する組織力、同じ力を集結する組織力が要求された。すでに製品需要が予想されるため、大きなリスクを負担する必要もない。目的が明確で、これを実現するための組織は官僚機構が最適である。同じ知識と技術を持つ人材が官僚組織を構成することになる。このような組織における有能な人材は、上司と同じ考えを持ち、ツーといえばカーという人材であった。何も言わなくともわかり合える日本的な組織が出来上がる。

しかしながら、80年代になると、日本は欧米に追いつき、模倣すべき製品やサービスがなくなってきた。フロントランナーになるということは追われる立場である。かつての日本企業の経営は、製品模倣に関しては模範的な経営であった。今や日本は目標になり、日本製の類似品が安価な労働力で製造されることとなる。貿易収支の黒字による円高は、グローバル市場での競争力低下に拍車をかける。1ドル＝360円が1ドル＝180円になるということは、労働力の価値が倍になったことを意味する。換言すると、2時間で生産していたものを1時間で生産しなければ価格競争に負けることになる。日本企業が同じ製品で価格競争力を確保するには、海外生産以外の道がなかったのである。多くの企業が海外直接投資を実施し、産業空洞化が叫ばれた。そのプロセスで日本の知識と技術が海外に移転されたのである。ますます日本企業の競争力は劣化してゆく。

円高は、輸出産業の競争力のみに影響を与えるわけではない。国際競争とは無関係であった中小企業や零細企業の生産物が安価な輸入品の競争にさらされることになる。日本企業が国内で生き残るには、根本的な改革が必要になる。それはイノベーションであり、新製品や新たな製造・販売方法の開発をしなければならなくなる。全く新しい生産要素の結合は、軽量化やコンパクト化、品質改良とは、本質的に異なる知識を必要とする(1)。

同じ知識や技術を持つ人々がたくさんいても、新しい知識を創造することは難しい。異質の人が集まることで、未知の世界が開ける。新製品や新サービスは、新たな生活を想像することでもある。新しい生活や遊びなどを作り出すのは、想像力が豊かでなければならない。独創的な発想を製品やサービスとして現実のものにするのは容易なことではない。開発に必要な資金や時間、開発された後のニーズなどは不確実である。それは冒険であり、大きなリスクを伴う。従来の同じ質の知識を束ねる経営者ではなく、異なる知識・技術を束ねる経営者が必要になる。

これまでの日本的経営のあり方を根本から見直さなければならなくなった。人の雇用方法と仕事の仕方、資本の調達方法と運用方法、そのすべてを改めなければならない。同じような知識を持つ人材ではなく、異なる知識や経験を持つ人材を雇用しなければならない。新卒一括採用のみに依存するのではなく、中途採用や異業種からの人材確保が必要となる。資本調達は、元本と確定利息の返済を求める融資ではなく、返済義務のない出資が要請される。冒険的なビジネスはリスクが大きい。このリスクを分散させるには相対の銀行型金融システムより不特定多数の投資家が参加する証券市場からの資本調達が向いている。

リストラクチャリングが必要になり、既存の知識体系を破壊し、新たに再構築することになる。これは時間のかかることである。人々が培ってきた知識を変え、組織を変革することは並大抵のことではないのである。日本は、90年代から2000年代のはじめまで、長い時間をかけて、知識体系の再構築をしてきたのである。その具体的な変化は、事業法人の株式相互持合いの減少や企業間関係、産業構造の変化となって現れている。

こうしたなかで、企業の投資活動も変化し続けている。次の図は、最近の投資活動が生産

（図－1）

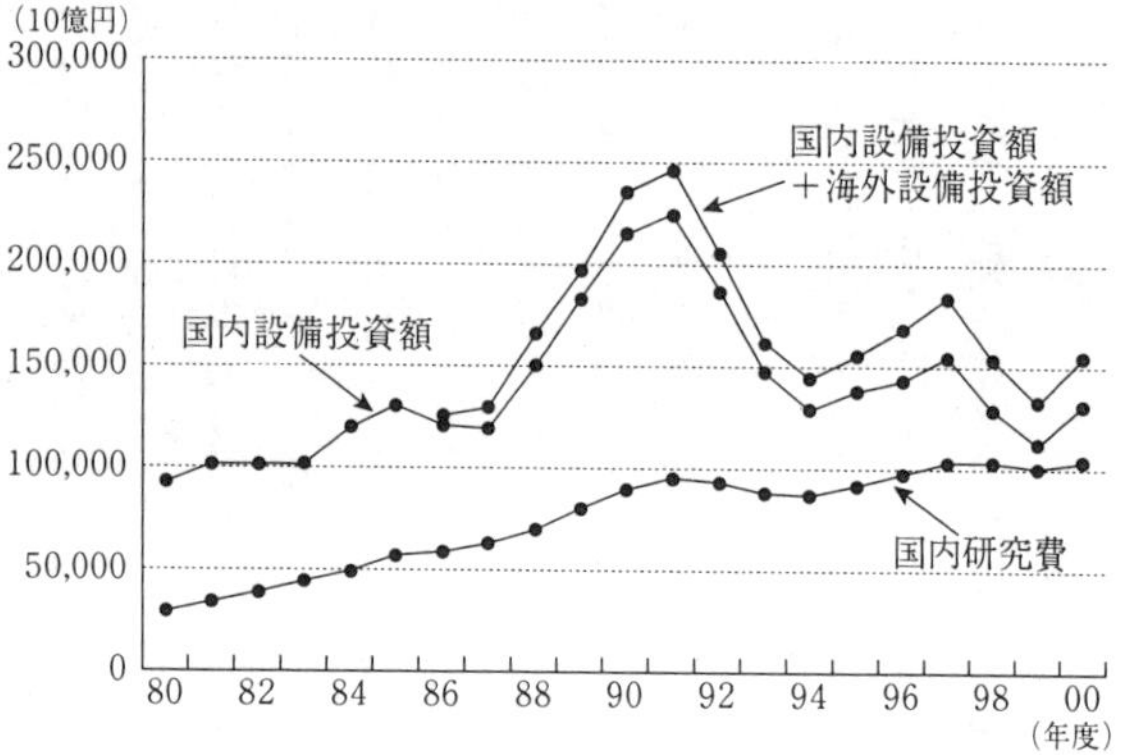

（備　考）　研究費は自己負担研究費。
（出　所）　経済産業省「我が国の産業技術に関する研究開発活動の動向第三版」。
（原出所）　財務省「法人企業統計年報」，経済産業省「我が国企業の海外事業活動」，総務省「科学技術研究調査報告」。通商白書2003
http://www.meti.go.jp/hakusho/index.html

設備などの有形固定資産ではなく、研究開発などの無形資産投資への比重を高めていることを示している。もちろん、単なる取替え投資でなければ、設備投資であっても、新たな知識や技術との結合が必要となる。従業員の研修や設備と従業員との結合方法などのノウハウを蓄積しなければならない。有形資産の投資にも新たな知識と技術の集積があり、表面化しない無形資産を形成している。いずれにしても、技術や知識を開発する投資が競争優位を確保する上で必要になったのである。

有形固定資産の利用は、技術を

含めた組織的利用であり、いかなる人材と結合するかによって意味が異なる。不熟練労働と熟練労働では、同じ機械と結合しても生産される財・サービスの質量に差が生まれる。熟練した技は、精密機械も及ばない精度を発揮する。天才的なピアニストと凡人のピアノ演奏は、同じピアノを弾いても雲泥の差である。それは繰り返し説明してきたところである。

要するに、知識や技術の重要性が増すことで、特定の資本財に関する価値を単独に評価することの意味を失わせるのである。企業の資本価値は、組織内における多種多様な資産との結合で生み出されるキャッシュ・フローを評価することになる。資本は利子を生むという有形資本財的な見方から、利子を生むものが資本であるという認識への転換は、キャッシュ・フローを生み出すプロジェクトのビジネスプランが資本の評価対象になる。有限の耐用年数を持つ特定の資本財ではなく、ビジネスプランが獲得する将来キャッシュ・フローの予測である。たとえ、資産を所有しない場合であっても、問題の本質は変わらない。

資本主義経済は、有形の生産手段の蓄積に始まり、有形の財貨を生産・販売することで成長し、成熟するにつれて有形の財貨からサービス財の生産に重点が移ってきた。この動きは資本と人の流れを変え、産業の位置づけを変化させてきた。企業の投資は、生産手段としての資本財から知的サービスや知的資本の購入原資にシフトしてきている。暖簾や知的資産など将来キャッシュ・フローを生み出す源泉や権利が企業の競争優位を左右する。こうした企業の無形資産は、経営資源が日々の営業活動や経営者のアイデア、絶え間ない組織改革、研究活動などへ費やされた結果である。

その成果が無形資産として蓄積され、競争優位の源泉となる。その知識・技術がマニュアル化されたり、OJTなどを通じて、組織構成メンバーの共通財産となる。フローである労働力のストック化や知識そのものが資本として認識されることになる。暖簾が形成されたことで営業活動が削減可能になり、そのコスト節約がキャッシュ・フローを増加させるのである。それは無形資産が企業の資本として認識されるひとつの解釈である。(2) 従来であれば自由財とみなされてきたブランドや商標、知識やインフォメーションというものが所有権を主張できるようになる。

(図―2)は、アメリカの有形固定資産と無形資産を示している。この図は、アメリカの上場企業全体の市場価値から有形資産の帳簿価値を控除することで無形資産の価値を算定している。この算定方法は一般的なものである。20年間で、企業の資本価値に占める有形固定資産の割合が低下し、無形資産を構成する知識や技術の評価割合が高まった。おそらく、この趨勢はアメリカだけでなく、経済発展を経験するすべての国でいえることであろう。

しかし、86年から2003年までの日本企業の無形資産を表す(図―3)を見ると、この趨勢に当てはまらない。80年代後半に始まるバブルとその崩壊、そして失われた10年とか15

（図－２）

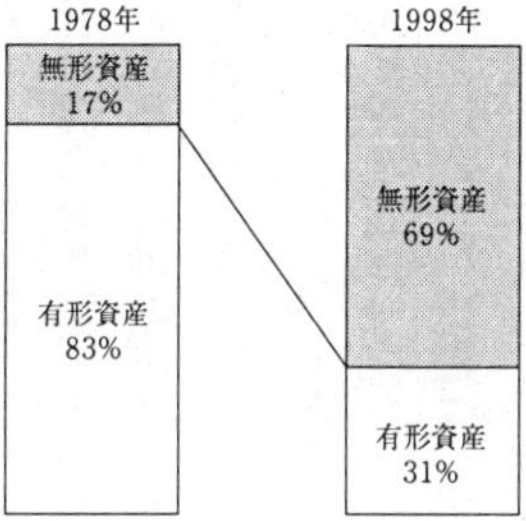

（備考）アメリカで株式を上場している金融機関以外の企業全体の市場価値総額（株式時価総額と長期借入（社債）との合計）から，機械や設備等の有形資産総額を差し引いた残りの部分を無形資産として計算している。

（出所）Blair, et al.（2000）。通商白書2004
http://www.meti.go.jp/hakusho/tsusyo/soron/H16/Z02-01-01-00.htm

（図－３）

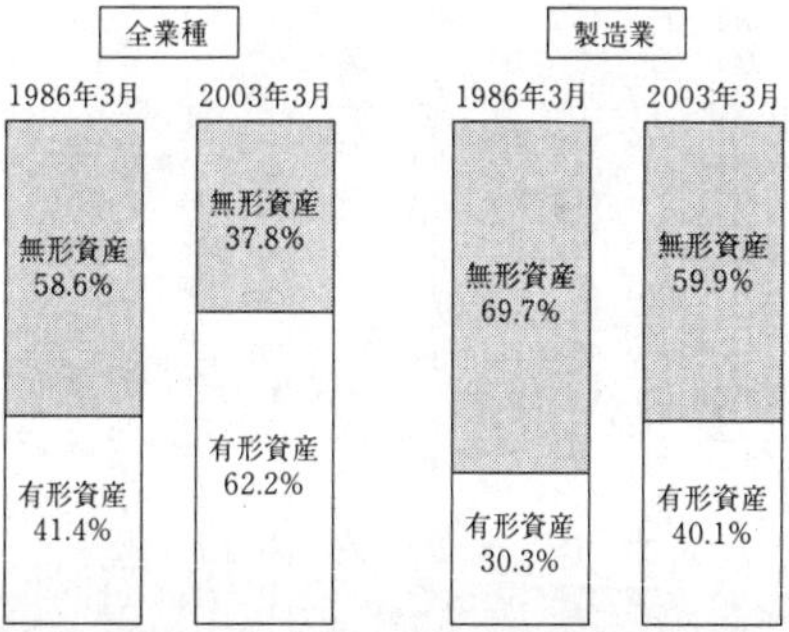

（備考）株式時価総額，社債，転換社債および長期借入金から有形固定資産を差し引いた部分を無形資産として計算している。なお，全業種は日本企業169社，製造業は104社を対象にしている。

（出所）日経 NEEDS から経済産業省作成。通商白書2004
http://www.meti.go.jp/hakusho/tsusyo/soron/H16/Z02-01-02-00.htm

年と呼ばれる時代である。バブルは何を形成し、何を破壊したのであろうか。過剰な期待による虚構の形成は、実体を伴わず、私たちの豊かさに貢献する知識を創造しなかったことになる。虚構形成のプロセスで作り出された経営ノウハウや様々な知識・技術が、新たなものに取って代わるのに時間を要したことになる。

だが、単純に無形資産のみが破壊されたと見るべきではない。これまで説明してきたように有形固定資産は、単独で評価されるものではない。有形固定資産と労働力の結合方法、あるいはその利用方法により市場価値が決定する。キャッシュ・フローを生み出すのは、それぞれ隔離して取り出すことのできる有形固定資産の金額ではないからである。株式市場価値が下落し、企業の市場価値が下がるのは、無形資産の価値のみが減少したのではなく、有形固定資産を含む企業システム全体の価値が下落しているのである。

経営に必要な要素は、すべて知識・技術と対になって評価されている。少なくとも、企業の活動に使用されている限りは、人的資源との結合なしにその他の経営資源の価値はない。それゆえ、帳簿上の有形資産額にかかわらず、企業の市場価値の下落につれて帳簿資産の価値は減価していなければならない[3]。このように考えると、2003年の無形資産の評価は、過小評価をされているかもしれない。

日本企業がモノ作りを大切にし、コア・コンピタンスとして位置づけていたとしても、有形の生産手段よりも知識・技術の価値が重要である。高性能な工作機械を所有しているということも重要であるが、工作機械そのものは、海外にも輸出される。簡単に輸出されないのは、人々が時間をかけて培ってきた知識や技術なのである。その知識・技術のリストラクチャリングは、これを蓄積してきた人々に苦悩を与える。これまでの知識・技術が無になるということは、考え方や慣習、行動パターンに変化を強いる。保守的な人間には、厳しい現実である。

企業の生産活動は、過去に蓄積した物的な資源と現在の人的資源の結合である。それは過去に蓄積した人的資源と現在の人的資源の結合と考えるべきかもしれない。なぜなら、有形資産も過去の労働の結果だからである。ただし、有形資産には市場がある。これに対し、企業内に蓄積する人的資源、とりわけ、企業に固有の知識・技術には市場がない。市場価格を持つストックとフローの結合も重要な意思決定であるが、市場価格のないストックとフローを結合することはより難しい意思決定かもしれない。この意思決定の結果が資本価値の評価に大きな影響を与えるようになっているのである。つまり、資本の評価が組織とこれを構成する人の評価に依存することを意味する。その価値を創造するのは市場ではない。経営者が発見し、その発見を市場に問うのである。いかなる知識・技術を創造し、特定の知識・技術を深化させるか。ここに経営者の醍醐味がある。社会の豊かさを創造するのは経営者の役割なのである。

私たちの貯蓄は、社会資本としては道路や空港、港湾、上下水道などのインフラになり、私的資本としては私企業の工場や設備、その他の流動資産など物的資本として所有されている。しかし、そうした物的資本の割合は低下してきている。近年の貯蓄は、その多くが知的資産の形成に流れているのである。しかも、それらの資本が価値を持つのは、将来に対する期待であり、企業や国家のリーダーが提示するビジョンという虚構に依存しているのである。私たちが貯蓄を保持し、増やすためには知的資産の形成に注力すべきであろう。その役割の多くはビジョンを提示する経営者に託されている。

市場競争が激化するなか、知識や技術はますます深化している。分業を担う人々は相互に理解不能な社会になり、自らの社会的価値や役割を見いだせず、不安を膨らませている。その不安は、各自の所有する知識・技術の断片が、それだけではほとんど意味を成さないためである。経営者の社会的貢献は、これらの断片的知識をひとつに束ね、資本としての価値を形成させるところにある。それは、人々に進むべき道を指し示す役割なのである。

(1) 軽量化や品質改良は極めて重要であり、その価値を否定するわけではない。

(2) 暖簾は、過去の営業活動や製品価値への信頼感などの評価であり、有形固定資産への投資額との関係性は低い。現在および将来の営業活動に関係する過去に支出したキャッシュ・フローの中身は多岐にわたる。そのストックとしての価値は、有形固定資産ではなく給与やその他の費用項目として支出されていると考えるべきである。過去および現在支出されるキャッシュ・フローと将来受取るキャッシュ・フローの間の関係に固定資産や流動資産、給与やその他の費用という直接的な関係はない。すべての生産要素が結合されて将来キャッシュ・フローを生み出す。売上に関係する意思決定は、時間との関係を持つ。今日の広告費は、いつの売上高につながるのか。広告費のうち、どのような広告が今日の売上に関係し、明日の売上に関係する広告は何か。従業員の給与のうち、どの職務が今日の売上に関係し、明日の売上に関係する職務内容は何か。これらの峻別ができねば、暖簾の価値を計測することはできない。

(3) このことは、営業権の価値評価や、ＰＢＲ、トービンのｑが持つ意味を再考察させる。

参考文献

編者代表：木原研三『新グローバル英和辞典』（C）Sanseido Co.,Ltd.2006
http://www.sanseido.net/
編集主幹：國廣哲彌・安井稔・堀内克明『プログレッシブ英和中辞典　第4版』（C）SHOGAKUKAN2006
http://www.japanknowledge.com/
監修：大臣官房情報課［子どものための農業教室］
http://www.maff.go.jp/kyoshitsu/index.html
監修：松村明『大辞泉 増補・新装版（デジタル大辞泉）』（C）SHOGAKUKAN2006
http://www.japanknowledge.com/
編者：松村明・三省堂編修所『大辞林 第二版』（C）Sanseido Co.,Ltd.2006
http://www.sanseido.net/
通商白書2003

http://www.meti.go.jp/hakusho/index.htm
通商白書2004
http://www.meti.go.jp/hakusho/tsusyo/soron/H16/Z02-01-01-00.htm
青木昌彦（1995）『経済システムの進化と多元性』東洋経済新報社。

青木昌彦・奥野正寛編著（1996）『経済システムの比較分析』東京大学出版会。

伊丹敬之（2000）『日本型コーポレートガバナンス』日本経済新聞社。

今井賢一（1992）『資本主義のシステム間競争』筑摩書房。

岩井克人（2003）『会社はこれからどうなるのか』平凡社。

岩田一政・深尾光洋編（1995）『経済制度の国際的調整』日本経済新聞社。

大村敬一・増子信（2003）『日本企業のガバナンス改革』日本経済新聞社。

岡崎哲二・奥野正寛編（1993）『現代日本経済システムの源流』日本経済新聞社。

尾近裕幸・橋本務編著（2003）『オーストリア学派の経済学』日本経済評論社。

小佐野広（2001）『コーポレートガバナンスの経済学─金融契約理論からみた企業論─』日本経済新聞社。

小田切宏之（2000）『企業経済学』東洋経済新報社。

貝塚啓明・植田和男編（1994）『変革期の金融システム』東京大学出版会。

亀川雅人（1991、第2版1993）『企業資本と利潤』中央経済社。

亀川雅人（1996、新版1998）『企業財務の物語』中央経済社。

亀川雅人（1996）『日本型企業金融システム』学文社。

亀川雅人・高岡美佳・山中伸彦（2004）『入門現代企業論』新世社。

亀川雅人編著（2004）『ビジネスクリエーターと企業価値』創成社。

亀川雅人編著（2005）『ビジネスクリエーターと企業統治』創成社。

亀川雅人編著（2005）『ビジネスクリエーターと人材開発』創成社。

小池和男（1994）『日本の雇用システム』東洋経済新報社。

小林英夫・岡崎哲二・米倉誠一郎・NHK取材班（1995）『日本株式会社の昭和史』創元社。

佐久間信夫・出見世信之編（2001）『現在経営と企業理論』学文社。

手嶋宣之（2004）『経営者のオーナーシップとコーポレート・ガバナンス』白桃書房。

出見世信之（1997）『企業統治問題の経営学的研究』文眞堂。

中村瑞穂編著（2003）『企業倫理と企業統治―国際比較―』文眞堂。

野村浩二（2004）『資本の測定』慶応義塾大学出版会。

平木多賀人編（1993）『日本の金融市場とコーポレート・ガバナンス』中央経済社。

深尾光洋・森田泰子（1997）『企業ガバナンス構造の国際比較』日本経済新聞社。

万仲脩一（１９９０）『現代の企業理論』文眞堂。
宮島英昭（２００４）『産業政策と企業統治の経済史』有斐閣。
柳川範之（２０００）『契約と組織の経済学』東洋経済新報社。
若杉敬明監修：（財）資本市場研究会編（２００４）『株主が目覚める日―コーポレート・ガバナンスが日本を変える―』商事法務。
Arrow, K. J.（1962）, "The Economic Implications of Learning by Doing," *Rev. Econ. Stud.*, Vol.29.
Arrow, K. J.（1964）, "The Role of securities in the Optimal Allocation of Risk-Bearing," *Review of Economic Studies,* vol.31, Apr.
Brennan, M. J.（1999）, *Financial Markets and Corporate Finance,* Edward Elgar.
Clarke, R. & McGuinness, T. ed.（1987）, *The Economics of the Firm,* Basil Blackwell.
Coase, R. H.（1937）, "The Nature of the Firm", *Economica,* Vol.4.
Dean, J.（1951）, *Capital Budgeting, Top-management Policy on Plant, Equipment, and Product Development,* Columbia Univ. Press（中村常次郎監修（１９５９）『経営者のための投資政策』東洋経済新報社）.
Fisher, I.（1930）, *The Theory of Interest,* Macmillan（気賀勘重・気賀健三訳（１９８４）『利子論』日本経済評論社）.
Friedman, M.&R.,（1980）, *Free to Choose; A Personal Statement,* New York and London: Harcourt Brace Jova-

novich（西山千明訳（１９８０）『選択の自由』日本経済新聞社）.

Galbraith, J. K. (1990), *A Short History of Financial Euphoria,* Whittle Direct Books, Tennessee, U. S. A.（鈴木哲太郎訳（１９９１年）『バブルの物語』ダイヤモンド社）.

Hayek, F. A.（田中真晴・田中秀夫編訳（１９８６）『市場・知識・自由』ミネルヴァ書房）.

Hicks, J. (1939), *Value and Capital, an inquiry into some fundamental principles of economic theory,* Oxford At the Clarendon Press（安井琢磨・熊谷尚夫訳（１９７０）『価値と資本』（Ⅰ）（Ⅱ）岩波書店）.

Hicks, J. (1965), *Capital and Growth,* Oxford At the Clarendon Press（安井琢磨・福岡正夫訳（１９７０）『資本と成長』（Ⅰ）（Ⅱ）岩波書店）.

Hicks, J. (1973), *Capital and Time: A Neo-Austrian Theory,* Oxford Univ.（根岸隆訳（１９７４）『資本と時間―新オーストリア理論』東洋経済新報社）.

Israel, M. Kirzner (1979), *Perception, Opportunity and Profit: Studies in the Theory of Entrepreneurship,* The University of Chicago Press.

Jensen, Michael, C. (1986), "Agency costs of free cash flow, corporate finance, and takeovers," *American Economic Review,* 76(2):323-29.

Keynes, J. M. (1936), *The General Theory of Employment, Interest and Money,* Macmillan（塩野谷九十九訳（１９４１）『雇用・利子および貨幣の一般理論』東洋経済新報社）.

Knight, F. H.（1921）, *Risk, Uncertainty and Profit,* Boston, Houghton Mifflin Co.

Lutzs, F. & V.（1951）, *The Theory of Investment of the Firm,* Macmillan（後藤幸男訳（１９６９）『投資決定の理論』日本経営出版会）.

Marshall, A.（1925）, *Principles of Economics Anintroductory volume,* 8th Edition, Macmillan and Co., Limited St Martins Street, London（馬場啓之助訳（１９８０）『マーシャル経済学原理Ⅲ』東洋経済新報社）.

Martin Ricketts（1987）, *The Economics of Business Enterprise,* Wheatsheaf Books.

Modigliani, F. & Miller, M. H.（1958）, "The Cost of Capital, Corporation Finance, and the Theory of Investment," *American Economic Review,* 48:261-97.

Myers, Stewart, C.（1977）, "Determinants of Corporate Borrowing," *Journal of Financial Economics,* 5:147-75.

Peter, F. Drucker（1985）, *Innovation and Entrepreneurship,* Harper & Row, Publishers（小林宏治監訳（１９８５）『イノベーションと企業家精神』ダイヤモンド社）.

Robert, F. Hebert and Albert, N. Link（1982）, *The Entrepreneur Main Stream Views and Radical Critique,* Praeger Publishers（池本正純・宮元光晴訳（１９８４）『企業者論の系譜—18世紀から現代まで—』ホルト・サンダース）.

Schumpeter, J. A.（1926）, *Theorie der wirtschaftlichen Entwicklung,* 2. Aufl.（中山伊知郎・東畑精一訳（１９８３）『経済発展の理論』（上）（下）、岩波書店）.

Solomon, E.(1963), *The Theory of Financial Management,* Columbia Univ. Press（古川栄一監修、別府祐弘訳（１９７１）『財務管理論』同文舘）.

Stewart C. Myers and Nicholas S. Majluf（1984）, "Corporate Financing and Investment Decisions when Firms have Information that Investors do not have." *Journal of Financial Economics.*

Tobin, J.（1969）, "A General Equilibrium Approach to Monetary Theory." *Journal of Money Credit and Banking,* 1.

Wildsmith, J. R.（1973）, *Managerial Theories of the Firm,* Martin Robertson.

Williamson O. E.（1986）, *Economic Organization,* Wheatsheaf Books Ltd., London（井上薫・中田善啓監訳（１９８９）『エコノミックオーガニゼーション』晃洋書房）.

亀川雅人（かめかわ・まさと）　博士（経営学）

1954年　東京都生まれ

現　在　立教大学経営学部教授

立教大学大学院ビジネスデザイン研究科教授

主要著書

『企業資本と利潤』中央経済社，1991［第2版，1993］

『日本型企業金融システム』学文社，1996

『企業財務の物語』中央経済社，1996［新版，1998］

『入門経営財務』新世社，2002

その他，編著・共著・論文等多数

（検印省略）

2006年9月20日　初版発行　　略称－資本と知識

資本と知識と経営者

－虚構から現実へ－

著　者　亀　川　雅　人

発行者　塚　田　慶　次

発行所　東京都豊島区池袋3－14－4　株式会社　創　成　社

電　話 03（3971）6552　FAX 03（3971）6919

出版部 03（5275）9990　振　替 00150-9-191261

http://www.books-sosei.com

定価はカバーに表示してあります。

ISBN4-7944-5010-9　C3234

Printed in Japan

組版：トミ・アート　印刷：平河工業社

製本：宮製本所

落丁・乱丁本はお取り替えいたします。

創成社新書

亀川雅人
資本と知識と経営者 14
虚構から現実へ

髙島秀之
嫌われた日本 13
戦時ジャーナリズムの検証

石井 薫
「環境マネジメント入門」 1
講義の現場報告

石井 薫
「環境監査論」 2
講義の現場報告

石井 薫
「環境マネジメント」 3
講義の現場報告

中津孝司
世界情勢を読む 4

梅津和郎
大欧州世界を読む 5

島 敏夫
中東世界を読む 6

梅津和郎
大学経営を斬る 12